감정을 조절하는 사람
조절하지 못하는 사람

감정을 조절하는 사람
조절하지 못하는 사람

HOW TO CONTROL EMOTIONS

소드마스터 야옹 지음 | 원녕경 옮김

다연
DAYEONBOOK

서른 살 이전의 당신은 어떤 삶을 살았는가?

01

열일곱, 고등학교 3학년 때였다. 교실에 들어선 담임 선생님의 뒷짐 진 손에는 내 과제 노트가 들려 있었다. 이를 본 짝꿍이 히죽대며 말했다.

"쌤한테 또 칭찬받나 보네, 축하한다."

하지만 짝꿍의 예상과 달리 담임 선생님은 곧장 수업을 시작했다. 그렇게 수업이 어느 정도 진행되었을 즈음 담임 선생님이 말했다.

"내가 국어 선생님으로서 절대 좋아할 수 없는 학생은 딱 두 부류야. 하나는 공부 말고 콩밭에 마음이 가 있는 학생, 또 하나는 한한(韓寒, 중국 '80후(後)' 작가의 대표 주자이자 중국 문단의 이단아다. 고등학교 시절 중국교육을 비판하는 글을 쓰다 유급당했고, 끝내 학교교육은 노예를 양성하는 것에 지나지 않는다며 자퇴했다)처럼 건방진 학생! 그런데 우리 반에 마침 그런 학생이 있더라고. 애석하게도 한한 같은 재능은 없는데 말이야. 시건방진!"

순간 나는 전날 과제에 한한의 무협소설《장안란》속 글귀를 인용한 게 떠올랐다.

'세상에 위세를 떨친다는 건 그만의 필살기가 있다는 뜻이다. 필살기 없이는 날뛰어봐야 일일천하를 넘기지 못하기 때문이다.'

담임 선생님이 날 가리키며 말했다.

"위(작가의 본명은 저우뤄위(周若愚)다), 그래서 너는 어떤 필살기를 가지고 있니? 나와서 친구들에게 한번 보여주렴!"

그때 나는 담임 선생님에게 이른바 찍혔음을 눈치채지 못한 채 교단 앞으로 나가 게임 '삼국전기' 속 장료의 '날아차기'를 시전했다. 방과 후 꽤 오랫동안 연마해온 내 나름의 필살기였다. 그러나 교실은 한순간 웃음바다가 되었고, 담임 선생님은 기다렸다는 듯 비아냥댔다.

"컴퓨터 게임을 너무 많이 해서 제정신이 아닌데도 이렇게 잘났다고 으스대는 사람이 꼭 있어요."

나는 불뚝성이 확 치밀었다. 내가 웃음거리가 된 것은 차치하고, 반 친구들 앞에서 나의 우상을 욕보인 선생님이 너무 미웠다. 나는 여봐란듯이 맞받아쳤다.

"그런데 선생님은 무슨 자격으로 한한을 평가하시는 거죠?"

결국 교실 밖으로 쫓겨난 나는 1교시 내내 문 앞에 서서 억울함과 분함이 뒤섞인 눈물을 쏟아냈다.

그날 이후로 나는 반 친구들에게 따돌림을 당했다. 대개 반에서 1

등을 하는 우등생은 선생님의 사랑을 듬뿍 받을뿐더러 교우관계 또한 원만하게 마련인데, 나는 아니었다. 그들에게 나는 별종이었으니까!

어느 날, 역사 선생님이 내 옆을 지나가며 나직이 말했다.

"너희 담임 선생님 곧 전근 가실 거야."

그리고 정확히 2주 뒤 담임 선생님은 정말 다른 학교로 갔는데, 누군가에게 밉보였기 때문이라는 소문이 사실인 것처럼 내 주위를 맴돌았다.

그날 밤 기숙사에서 한 녀석이 나를 흘겨보며 괴상야릇한 말을 꺼냈다.

"너희 그거 알아? 담임, 누구 등쌀에 쫓겨난 거야. 정말 대단하지 않냐? 뒤에서 돈을 얼마나 썼으면…… 진짜 치사한 인간이라니까!"

나는 발끈했고, 대뜸 주먹을 날린 녀석과 한데 엉켜 뒹굴었다. 다른 룸메이트들이 싸움을 말렸는데, 사실 그들의 중재는 다분히 선택적이었다. 내가 맞을 때는 가만히 있다가 내가 되받아치려 하면 기막히게 뜯어말렸으니까.

다음 날, 새 담임 선생님은 내가 한한처럼 될지 모른다고 생각했는지 다른 방으로 바꿔주었다.

그 후 수학능력시험이 끝나고 성적 발표가 있던 날, 나는 당당히 전교 1등에 이름을 올렸다. 그리고 몇몇 녀석은 뭐가 그렇게 분한지 내 앞에서 책을 집어 던졌다.

열여덟, 순풍에 돛 단 듯 모든 일이 순조롭던 대학교 1학년 때였다. 당시 나는 모 행사에 자원봉사를 나가 강연자인 한 노교수를 연단까지 부축해드리는 일을 맡았다. 인자한 목소리로 그분은 내 전공을 물었다.

"심리학입니다. 나중에 프로이트 같은 심리학의 대가가 되고 싶습니다."

그분은 나를 믿는다며 앞으로 더 열심히 노력하라고 말했다.

그분은 강연하기에 앞서 먼저 자기소개를 했다. 나는 그제야 그분이 학교의 전설로 불리는 루(盧) 교수, 그러니까 세계적인 심리학자 장 피아제(Jean Piaget)에게 수학한 인물임을 알았다.

열아홉, 대학교 2학년 2학기 때 지금 생각하면 별일 아닌 것으로 좌절하고 자포자기한 나는 인터넷 세상으로 도망쳤다.

당시 나는 게임 와우(WoW, World of Warcraft)에 미쳐 있었다. 오죽하면 "불길로 모조리 집어 삼켜주마!"하는 라그나로스(와우에 등장하는 불의 군주로, 와우의 상징적 우두머리 중 하나)의 명대사를 지금도 기억하고 있을까.

수업을 땡땡이치고 기숙사를 빠져나와 학교 맞은편 PC방에서 세상모른 채 게임에 몰두했다. 물론 나는 그러면서 내가 엉망진창으로 살고 있음을 전혀 깨닫지 못했다. 전 서버에서 가장 큰 길드인 '실낙원'의 길드장이 바로 나였고, 게임 장비 암거래로 PC방 사용료와 간식비를 충당할 만큼의 돈도 벌었으니까.

그렇게 스무 살 되던 해, 나는 대학교 3학년이 되었다. 여덟 과목이 과락되자 과에서 나를 상대해주는 사람은 단 한 명, 바로 과대표 베이주뿐이었다. 그녀는 학과 퀸카였지만, 나는 그녀에게 '늙은 여우'라는 별명을 붙여줬다. 내가 꼭 게임하고 있을 때만 전화를 걸어왔기 때문이다.

한번은 게임에 너무 몰입한 나머지 얼빠지게 지갑을 도둑맞았다. 그때 나는 어쩔 수 없이 그녀에게 SOS를 보냈다. 돈은 나중에 꼭 갚겠다고 하자 그녀가 말했다.

"내일 성(省, 중국 행정구역의 하나) 수석 심리 전문가 자오 교수님 수업이 있으니까 그 수업 들으러 와. 그럼 돈은 갚은 거로 쳐줄게!"

이 일을 계기로 나는 거듭났다. 베이주와 자오 교수님이 꾸민 작은 '음모'가 나를 게임의 늪에서 건져내고 변화시킨 것이다.

이 일화를 얘기하면 혹자는 꼭 이런 말을 한다. 과에서 유일하게 나를 상대해주고, 게임에 빠진 나를 현실 세계로 돌아오게 해준 그녀와 잘해보지 그랬느냐고. 하지만 언감생심, 나 같은 사람은 그녀와 어울리지 않는다고 생각했다.

스물하나, 대학교 4학년 때 재시험의 기회를 얻고자 정치경제학 교수님의 집 앞에서 온종일 무릎을 꿇고 있었던 적이 있다. 교수님은 오픈 북 테스트도 치르러 오지 않은 나를 별종 중의 별종이라고 말했다.

나는 무척 부끄러웠다. 시험이 있던 그 시간에 '켈투자드(와우 낙스라미스 던전의 최종 보스)' 레이드 헤딩팟(게임 중 클리어 경력 없이 클리어를 시도하는 파티) 중이던 내가 떠올랐기 때문이다.

교수님은 내게 재시험의 기회를 줘야 할 이유를 말해보라고 했고, 나는 내 이야기를 살짝 과장해서 말했다. 옆에서 함께 이야기를 들은 내 사부님이 한껏 감동한 얼굴로 말했다.

"이제 정신 차렸나 본데, 재시험 볼 수 있게 한번 기회를 주지?"

스물둘, 나는 대학원에 진학해 자오 교수님의 연구실에 들어갔다. 원난 곳곳으로 강연 다니는 교수님을 도와 PPT도 만들고 짐꾼도 하면서 틈틈이 그의 독특한 강연법을 익혔다.

어느 날 교수님이 말했다.

"남자가 자기 한몫을 제대로 하게 되었다는 걸 언제 알 수 있는 줄 아나? 어느 식당에서든 가격에 상관없이 자기 사람들한테 밥 사줄 수 있게 되었을 때야."

"교수님, 저는 서른 살이면 그 목표를 이룰 것 같습니다."

얼른 나를 어필하자 교수님이 웃으며 직구를 날렸다.

"자넨 아직 멀었군!"

스물셋, 교수님을 따라 성급 프로젝트에 참여했을 때였다. 프로그램 중 성급 간부들과 모 중등학교에 조사를 나갔는데, 그곳에서 고등학교 때 전근한 담임 선생님과 마주쳤다. 나처럼 선생님 또한 꽤 놀란 눈치였다. 하지만 그것도 잠시, 선생님은 슬그머니 내게 다가와 말했다.

"얘, 너 출세했구나! 그런데 교육위원회 간부와는 친분이 좀 있니?"

나는 즉시 선생님의 말을 정정했다.

"선생님, 이쪽은 교육위원회 간부들이 아니라 교육청에서 나오신 분들이에요. 저는 교수님과 프로젝트를 진행하러 왔고요."

선생님이 미심쩍어하며 다시 물었다.

"무슨 프로젝트? 교재 집필? 그럼 편집위원에 내 이름 좀 올려줄 수 있을까? 선생님도 자꾸 나이는 먹어가는데 직급이 올라가질 않아서 마음이 초조하네그려."

순간 나는 뭐라고 답해야 좋을지 몰라 주저하다가 결국 아무 말도 못 했다.

스물넷, 내가 심리상담 교사로 모 중등학교에 실습을 나갔을 때였다. 한 여학생의 과제 노트에 이런 글이 적혀 있었다.

'위 선생님은 미스터 빈을 닮은 외모에다 남들이 모르는 패기를 가지고 있다.'

다음 날, 나는 그 여학생을 불러 선생님에게 미스터 빈이라는 별명 같은 걸 붙이면 안 된다고 단호하고도 근엄하게 말했다. 여학생은 꼬마 요정처럼 짓궂게 웃었고, 그 모습에 결국 내 웃음보가 터지고 말았다.

스물다섯, 나는 대학교에서 일을 시작했다. 때마침 성에서 제1회 대학교 심리학 교수법 학술대회가 열렸는데, 나는 이 대회에서 1위를 거머쥐었다. 아마 지도교수님이 전수해준 비법, 진지하고 빈틈없는 그 교수법으로 현장의 분위기를 장악한 덕분이었을 것이다.

03

스물여섯, 나는 윈난 변방의 빈곤 지역으로 교육 지원을 나가 국어와 수학 그리고 영어를 가르쳤다. 학생들의 학습 의욕은 심하게 저조했는데, 그중에서도 특히 영어가 문제였다.

한 남학생이 말했다.

"선생님, 저는 중국어를 뗀 지도 얼마 안 되었는데 영어는 배워서 뭐해요? 양을 방목할 때 양들에게 대고 'go, go, go'라고 말할 것도 아니고. 저는 요거트를 먹을 수 있는 이곳에서 평생 살 거란 말이에요."

"이곳에서만 지낼 거라는 생각은 말고 나중을 생각해봐. 앞으로 쿤밍에도 갈 수 있고, 베이징에도 갈 수 있고, 심지어 파리에도 갈 수 있는데 영어를 배워두면 확실히 도움 되지 않겠니?"

그런데 이게 웬걸, 나의 말꼬리를 물고 늘어진 남학생의 물음은 그야말로 압권이었다.

"그럼 선생님은 왜 쿤밍에서 이곳으로 오신 거예요?"

말문이 턱 막혀버린 내 꼴이라니…….

스물일곱, 교육 지원을 나간 곳에서 책을 집필했다.

스물아홉, 출간 기념 사인회에서 많은 독자를 만났다. 그 순간만큼은 정말 인기가수가 된 느낌이었다. 린즈링(타이완의 여배우이자 톱모델)을 닮은 한 여성 독자가 내게 물었다.

"마스터 야옹님, 십 년 전의 자신과 만날 수 있다면 야옹님은 자신에게 무슨 말을 해주고 싶어요?"

'로또 당첨 번호를 알려줄까? 베이주와 잘해보라고 할까? 지진 발

생 전에 사람들에게 알려 무사히 대피할 수 있도록 해야 한다고 말할까?'

나는 뭐라고 답해야 좋을지 몰라 고심했다. 그때 돌연 한 사람의 모습이 떠올랐다. 오랫동안 면도를 하지 않았는지 수염이 덥수룩하게 자란 그의 얼굴에는 그동안 겪어온 세상의 풍파가 들붙어 있었다. 그의 눈빛에는 피로가 가득했지만, 그럼에도 푸근함이 느껴졌다.

"누구냐, 넌?"

"나는 십 년 후의 너야!"

"난 너처럼 되고 싶지 않은데!"

"좋아. 그럼 십 년 전의 네가 운명을 바꾸기 위해 얼마나 많은 희생을 감수했는지 한번 생각해봐."

순간 나는 답을 찾았고, 독자에게 말했다.

"십 년 전의 나를 만난다면 그에게 이렇게 물을 겁니다. '십 년 후의 너를 위해 넌 얼마만큼의 희생을 감수할 수 있니?'라고요."

PART
01

인지구조가
인생의 성패를 좌우한다

PART 02
감성지능이 높은 사람은 제대로 말할 줄 안다

PART 03
감정을 제어해야 인생을 장악할 수 있다

PART 04
친밀한 관계가 사랑과 행복을 불러온다

PART 05

거절하는 법은 삶의 지혜다

**PART
01**

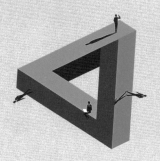

인지구조가 인생의
성패를 좌우한다

개천에서 용 나기 어렵다고 말하는 우리는
인식의 벽에 가로막혀 있다

01

'수저 계급론'이 대두되며 더 이상 개천에서 용 나기 어려운 시대가 되었다는 말이 한창 오갈 무렵, SNS에 올라온 글 하나가 댓글 창을 뜨겁게 달구었다.

글쓴이는 도전하지 않고, 노력하지 않는 부모에게서 '잘난' 자식이 나오기 어려운 건 당연한 결과라고 주장했다. 다른 부모들이 열심히 노력하고 있을 때, 낚시나 게임을 하며 시간 보내놓고 자식이 출세하지 못하자 계층의 고착화를 운운한다고도 꼬집었다.

그러나 나는 여기서 또 다른 사실을 이야기하고 싶다. 바로 노력만으로는 개천에서 용 나기는커녕 비웃음을 살 뿐이라는 것이다.

생각해보라. 단순 육체노동의 가치가 점점 하락하고 있는 오늘날 당신의 부모님이 아무런 목적 없이 그저 '노력'만 하고 있다면 어떻겠는가? 자식에게 충분한 관심과 사랑을 줄 수 없음은 물론 자신도 모르는 사이에 골병이 들어 자식의 앞날에 막대한 부담을 안겨줄지 모를 일이다.

사실 우리 세대의 부모님들은 절약 정신이 투철하다. 설을 쉰다는 핑계로 새 옷을 장만할 줄도, 휴가라고 여행을 떠날 줄도 모르며, 웬만해서는 외식도 안 한다. 그렇게 한 푼씩을 아끼고 저축해 한평생 쌓아 올린 자신의 경제력을 자식에게 대물림하는 것이다.

사회생활을 시작한 지 두서너 해 만에 부모님의 도움을 받아 계약금을 지불하고 드디어 자가용이나 내 집을 마련하는 데 성공했다면 그때는 알아야 한다. 부모님이 우리에게 줄 수 있는 것은 기회뿐이라는 사실을 말이다.

이는 우리의 부모님이 붙잡지 못했던 기회로, 우리가 이 기회를 제대로 활용하지 못한다면 그것은 온전히 우리 자신의 탓이다.

물론 팍팍한 현실에 누군가의 탓이라도 하고 싶은 마음은 충분히 이해한다. 갈수록 세상 읽기가 어려워지면서 때로는 정말 알다가도 모를 일이 벌어지기 때문이다.

학문의 달인이라 불리는 진 박사는 온종일 실험실에 살다시피 하며 많은 연구 실적을 쌓았다. 그는 그렇게 열심히 번 돈을 매달 본가로 보내는 것이 여태 키워주신 부모님에 대한 효도라고 생각했다. 이런 그의 눈에 동료 아무개는 일을 시작한 지 얼마 되지도 않아 부모님을 졸라 집을 장만한 한심하기 짝이 없는 불효자였다.

그러나 3년 후, 아무개의 집값이 훌쩍 뛰자 진 박사는 충격을 받았다. 그리고 아무개가 가족 모두를 시내로 이사시켰을 때 진정한 불효자는 자신임을 깨달았다.

한편 최근 격무에 시달리고 있는 리 대리. 그는 집 나가려는 정신을 바짝 부여잡고 회의 준비부터 갖가지 업무를 처리하며 동분서주했건만, 상사에게 '쓸모없는 녀석'이라는 말을 들어야 했다. 그런 와중에 'Z세대(95년 이후 출생자)'인 여자 후배 하나가 1인 크리에이터의 길을 걷기 시작했다는 소식을 들었다.

호기심이 동한 리 대리는 그녀의 공식계정을 찾아 들어갔다. 거기에는 황당한 콘텐츠들이 올라와 있었는데, 그는 그런 콘텐츠를 제작해서 무슨 의미가 있을까 싶었다. 그런데 그녀가 그 1인 미디어로 연간 1억 이상의 수익을 올려 다니던 회사를 진즉 그만두고 전업 크리에이터로 전향했다는 것이 아닌가! 그는 그야말로 멘탈이 붕괴되는 경험을 했다.

살면서 진 박사나 리 대리와 같은 상황을 마주하면 대개 이런 생각을 한다.

'내가 더 똑똑하고, 내가 더 노력하는데, 왜 나는 저들보다 돈이 없을까?'

그러다 자신이야말로 바보가 아닐까, 의심하기 시작한다.

어쩌면 이 의심을 해소하기 위해 불공평한 세상과 경제적으로 풍족하지 못한 부모를 원망하고, 또 어쩌면 성공한 사람들의 부도덕함을 비난하는 것일지도 모른다.

그러나 누군가를 원망하고 자신의 신세를 한탄하기에 앞서 그들이 어떻게 기회를 잡았을지 생각해볼 수는 없을까?

실은 수십 년 전부터 이미 예견된 집값 상승의 조짐을 그들은 어떻게 포착했을까?

요즘처럼 연애하기 어렵고, 결혼은 더더욱 먼 나라 얘기가 돼버린 시대에 'Z세대' 여성이 제작한 콘텐츠가 젊은이들에게 어떤 정서적 위안을 안겨준 것일까?

이러한 문제들을 생각해봤다면 이번에는 자기 자신에게 질문을 던질 차례다. 요즘 같은 시대에 사람들이 원하는 새로운 그 무엇인가는 대체 무엇이며, 우리가 이를 제공하기 위해 할 수 있는 일은 또 무엇일까?

자고로 '군자에겐 해야 할 일이 있고, 하지 말아야 할 일이 있다'고 했는데 지금 우리가 해야 할 일은 단 한 가지다. 바로 어떻게 하면 자신만의 방식으로 시대의 흐름이라는 열차에 탑승해 자신의 운명을 개척할 수 있을지에 대한 진지한 고민이다.

02

대학 동창 백이는 넉넉하지 못한 집안 형편 탓에 대학 졸업 후 일찌감치 취업전선에 뛰어들었다. 다행히 우수한 성적과 원만한 인간관계를 앞세워 그는 보통 석사 이상의 학위를 지녀야 갈 수 있는 지역 내 한 대학교에 입사했다.

문제는 그가 일을 시작한 지 벌써 8년이 지났지만, 여전히 제자리걸음 중이라는 사실이다.

며칠 전 백이를 만났을 때, 나는 너무나 변해버린 그의 모습에 까

무러칠 뻔했다.

속된 말로 전교에서 한가락을 하던 청년은 온데간데없었다. 반쯤 날아간 머리에 볼록 나온 술배에 투박한 검은 뿔테 아래 블랙헤드가 잔뜩 박힌 매부리코라니……. 동갑이지만 형님이라고 해도 전혀 어색하지 않을 모습이었다!

백이는 직장에서 일명 '고인물'로 불렸다. 승진도 하고, 돈도 많이 벌고 싶어 하지만 욕심과는 다르게 그러질 못한다는 뜻에서 붙여진 별명이었다.

물론 그에게 기회가 전혀 없던 것은 아니었다. 한 상사는 승진하려면 지방에 내려가 실적을 쌓고 올라올 필요가 있다며 특별히 그의 지방 발령을 지시하기도 했다. 그러나 막상 지방에 내려가 일을 하다 보니 불안감이 앞섰던 백이는 임시 발령을 받은 지 한 달 만에 불쑥 상사를 찾아가 지방 근무를 마치면 확실히 승진할 수 있는지를 따져 물었고, 상사는 자신에게 어느 정도 물러설 여지를 남기며 확답을 피했다. 그런데 그렇게 돌아간 백이가 돌연 고혈압을 앓으면서 학교에서 다시 사람을 발령 내야 하는 상황이 벌어질 줄 누가 알았을까. 결국 이 일로 심기가 불편해진 상사는 얼마 후 백이의 '건강상 문제'를 이유로 그를 기존 부서에서 다른 부서로 아예 전출시켰다.

한번은 이런 일도 있었다. 지역에서 심리학 교수법 학술대회가 개최된다는 공지가 뜨자 참가를 결심한 백이가 해당 대회의 1회 우승자인 내게 조언을 구한 것이다. 나는 10분 남짓 되는 강연 시간에 대강 어떤 내용을 이야기하면 좋을지를 알려주었다. 솔직히 말하면 내가 말해준 대로 읊기만 해도 될 정도였다. 하지만 참가 신청 기간을 단 하루 남기고 백이는 끝내 대회 참가를 포기했다.

그는 강연을 망칠까 봐 겁이 났다고 했다. 참가했다가 망신당하느니 그냥 학교에 남아 시험감독을 하거나 당직을 서는 게 낫겠다는 판단이 섰다고도 했다. 그러면 적어도 시간 외 수당은 챙길 수 있으니 이득이 아니겠냐면서 말이다. 정말 기가 찰 노릇이었다. 나는 그가 왜 그동안 '고인물' 취급을 받았는지 짐작할 수 있었다.

결혼하고 아이를 낳은 후 어느 순간부터 그는 실패를 두려워했다. 그는 새로운 도전으로 감수해야 할 잠재적 리스크를 외면하고 현재에 안주했다. 그렇게 스스로 여러 제약을 두다 보니 자신의 한계선 밖으로는 반걸음도 내디딜 수 없게 된 것이다.

사실 요즘은 단순 노력만으로는 부족한 시대다. 노력에 기회가 더해지지 않는다면 아무리 노력해도 그저 값싼 노력에 불과할 뿐이다. 값싼 노력이 우리의 배를 다소 불려줄 수 있을지는 몰라도 더 나은 삶을 보장해주진 않는다. 요컨대 노력에는 기회를 더해야 하고, 노력과 기회를 적절히 버무리려면 지혜라는 조미료를 쳐야 한다.

문제는 가난한 집안 출신인 백이에게 안정적인 삶에 대한 갈망은 숙명과도 같다는 사실이다. 이는 비단 백이뿐만이 아니라 물질적인 풍요로움 없이 어린 시절을 보낸 사람들에게 보편적으로 나타나는 경향이기도 하다. 어려서부터 '사기를 당하면 안 된다'는 인식이 뿌리박혀 새로운 기회와 변화 앞에 보수적일 수밖에 없는 것이다.

'가난'이라는 세계에 사는 사람들은 자신 앞에 놓인 기회를 의심하고, 자기 삶에서 일어나는 변화들을 의심한다. 가난이 곧 기회를 앗아 가는 땅인 셈이다.

03

아브히지트 바네르지(Abhijit Banerjee)와 에스테르 뒤플로(Esther Duflo)는 그들의 공저 《가난한 사람이 더 합리적이다》를 통해 가난한 사람들이 가진 세 가지 특징을 꼬집었다.

> 1. 가난한 사람에게는 리스크를 막을 효과적인 도구가 없다.
> 2. 가난한 사람은 장기적인 계획을 세우지 않는다.
> 3. 가난한 사람은 자신의 인식을 뛰어넘는 무언가에 대해 상당한 편견과 고집을 품고 있다.

저자들은 가난한 이들이 이러한 특징을 갖는 데는 이유가 있다고 보았다.

첫째, 그들에게는 유효한 정보원이 없다. 조상에게서 물려받은 관념들이 새로운 사물을 받아들이는 걸 가로막을 수밖에 없는 구조인 것이다.

둘째, 개개인이 짊어진 부담이 너무나도 크다. 이러한 부담은 그들에게 '올바른' 선택(결혼, 출산 등)을 해야 한다는 강박으로 작용하지만, 선택에 따른 에너지 소모가 너무 큰 나머지 결과적으로는 그들

10년을 한결같이 죽어라 노력하는 방법뿐 아니라
틈틈이 하늘을 올려다보고, 풍운과 계절의 변화를
읽는 법을 배워야 한다.

이 성장할 기회를 앗아 간다.

'그들은 게으르지만 진보적이고, 고상하지만 맹목적이며, 분노하지만 순종적이다. 도움받지 못해도 스스로 강해지려 하는 것이 그들이다. 이런 그들이 투자를 포기하고 현재의 즐거움을 추구하는 이유는 올바른 결정을 내리는 데 필요한 정보가 부족해 코앞의 일도 장담할 수 없기 때문이다. 스스로 자라고 스스로 사라지는 비천한 출신이기에 자기 자신을 원망하며 그렇게 평생 가난의 덫에서 벗어나지 못하는 것이다.'

책 속의 뼈아픈 구절처럼 인간은 너무 바쁘고 너무 가난한 환경에 내몰리면, 조금씩 판단력이 흐려져 더 바쁘고 더 가난한 삶을 살게 된다.

따라서 우리는 '자본 없는 자본가'로서 우리가 가진 최대의 자본인 시간과 재능을 좀 더 가치 있는 곳에 할애해야 한다.

개천에서 용 나기 어렵다고 개천이라는 환경을 탓할 것이 아니라 용이 되지 못하는 자신을 되돌아봐야 한다는 뜻이다.

운명이라는 마수가 하늘을 가려도 그 틈을 비집고 빠져나가는 물고기는 있는 법이다. 그러니 10년을 한결같이 죽어라 노력하는 방법뿐 아니라 틈틈이 하늘을 올려다보고, 풍운과 계절의 변화를 읽는 법을 배워야 한다. 그런 다음, 주변에 불만의 소리가 없는지 귀 기울여보는 것이다. 어디에선가 불만의 소리가 나오고 있다면 당신에게는 기회가 될 수도 있으니까.

불만이 있다는 건 수요가 있다는 뜻이고, 수요가 있다는 건 기회가 있다는 뜻이다. 그러니 일단 불만부터 하고 보는 사람은 되지 마라. 아는 남들에게 먼저 주머니를 채울 기회를 주는 것이나 다름없다.

지난날의 자신을 뛰어넘는 이가
진짜 난사람이다

01 _____

몇 해 전 이런 제목의 글이 SNS에 도배된 적이 있다.

'모바이크 창업자, 모바이크 매각으로 15억 위안(약 2,500억 원) 돈 방석에 앉았다. 개 발에 땀나도록 뛰는 우리 위에 훨훨 나는 동년배 사업가.'

모바이크(mobike, 중국 자전거 공유 플랫폼)가 중국 소셜커머스 업체 메이퇀(美團)에 인수되면서 단 3년 만에 회사를 궤도에 올려놓은 모바이크의 창업자 후웨이웨이(胡瑋煒)가 못해도 15억 위안은 받았을 것이라는 내용의 글이었다.

그리고 얼마 후 대만의 대형 할인 마트 RT-MART의 인수합병 소식이 전해지면서 '인사도 없이 시대는 당신을 버렸다'라는 제목의 글이 또 한 번 SNS상에서 화제가 되었다.

불과 한 달 만에 두 번이나 뒤처지고, 버려지는 우리의 신세를 확인한 셈이었다.

아마 지난 5000년간 경쟁에 치이고 밀린 범인(凡人)들의 역사를 일일이 나열하자면 우리의 자신감은 바닥을 뚫고 지하로 떨어졌을 것이다. 당장 나만 해도 해당 글의 조회 수가 내 글의 한 달 치 조회 수에 맞먹는 걸 보고 사람 간의 차이가 어떻게 이토록 클 수 있는지 탄식이 절로 나왔더랬다.

어디 그뿐인가? 조롱박 형제(葫蘆兄弟, 중국 대표 애니메이션 캐릭터, 신기한 칠색 조롱박에서 각각 다른 신통력을 가지고 태어난 일곱 명의 조롱박 형제가 가족과 마을 사람들을 지키기 위해 요괴들과 용감히 맞서 싸운다)는 날 때부터 요괴와 맞서 싸웠고, 해리 포터는 한 살에 이미 볼드모트를 물리쳤으며, 우즈마키 나루토는 구미(九尾) 차크라(정신과 신체를 융합해 만드는 에너지)를 타고나 최고의 인주력(꼬리 달린 괴물을 봉인하고 있는 사람)이 되었다.

그러고 보면 이는 단순히 우리의 동년배가 우리를 따돌리고 버린 문제가 아닐지도 모른다. 그들의 출발선이 어쩌면 우리에게는 평생을 노력해도 도달할 수 없는 종착점일지 모르기 때문이다.

그렇다면 우리에겐 다시 태어나는 수밖에 없는 걸까?

사실 그렇게까지 열등감을 가질 필요는 없다. 곰곰이 생각해보면 우리에게 위안이 될 역사도 많기 때문이다.

예컨대 황충(黃忠)은 예순 살이 되어서야 유비를 섬겼고, 도쿠가와 이에야스(德川家康)는 일흔에 정권을 잡았으며, 강자아(姜子牙)는 여든 살에 승상이 되었다. 그뿐만 아니라 손오공은 오백 살에 천축국으로 가서 불경을 구해왔고, 백소정(白素貞, 천년 묵은 백사(白蛇))는 천

살이 넘어서야 속세로 내려와 모태 솔로에서 탈출했다.

어쩌면 이러한 예들을 보고 약간의 위안을 얻은 사람도 있을 테고, 또 어쩌면 모바이크의 창업자처럼 15억 위안 돈방석에 앉지 못할 바에야 차라리 게임이나 하고, 멍을 때리며, 한가롭게 하루를 보내는 게 낫겠다는 생각이 든 사람도 있을 것이다. 내가 일흔 살이 되었을 때 주문왕(중국 상나라 제후 희창(姬昌)) 같은 인물이 내게 천하를 평정할 기회를 줄지 누가 알겠냐면서 말이다.

실제로 많은 젊은이가 이런 식으로 시간을 낭비한다.

나는 대학에서 교편을 잡으면서 지금까지 성공학 대가의 강연을 강력히 반대해왔고, 이 때문에 다른 교수들과 격렬한 논쟁을 벌이기도 했다. 물론 소위 성공학의 대가라는 사람이 학교에 와서 강연하고 나면 학생들이 어떤 반응을 보이는지는 너무 잘 알고 있다. 당장 그날 저녁부터 매일 다섯 시간씩 공부하겠다는 둥, 매일 책 두 권을 읽겠다는 둥, 아침마다 5킬로미터를 뛰겠다는 둥 학생들은 저마다 비장한 각오를 다진다.

그러나 실제로 보면 매일 다섯 시간씩 공부하겠다고 다짐했던 학생의 공부 시간은 고작 한 시간에 불과한 것이 보통이다. 공부를 시작하고 30분 동안 책을 보다가 한 시간은 딴생각하고, 또 한 시간은 '운명을 바꾸려면 정신을 차려야지!' 하며 딴생각한 자신을 탓하는 데 할애한다. 그러고는 의지를 북돋우는 데 한 시간, 집중력을 다지는 데 한 시간을 허비하고 남은 30분간 공부한 후 책을 덮는 식이다.

이러한 노력이 의미가 있을 리 만무하다. 아무 효과 없는 방법을 고수해봐야 자신감만 떨어져 더 이상 의욕을 불태우기 어려워질 뿐이다.

학생들이 정말 배워야 할 것은 자신의 의지를 북돋우는 방법도, 남보다 빠르게 전력 질주하는 방법도 아니다. 그것은 학교 자원을 자신의 귀한 자산으로 만들어 향후 구직 활동을 위한 무기를 갖추는 방법이다. 어떻게 해서든 프로젝트나 공모전, 대회에 참가해 경험치를 쌓아야 한다는 뜻이다.

하지만 안타깝게도 학생들은 자기 능력이 어느 순간 폭발해 동년배들을 저 멀리 따돌릴 수 있을 것이라 믿는다.

삶은 끊임없는 노력의 무게로 점철된다. 그 노력이 제자리에서 중심을 잡고 있을 때 우리는 자아를 잃지 않고 올바른 방향을 향해 나아갈 수 있다.

이를 위해 무언가를 내려놓을 필요는 없지만 열린 사고를 하는 방법은 반드시 배워야 할 필요가 있다. 어떤 문제를 너무 심각하게 바라보면 그 일에 신경을 쓰게 되고, 지나치게 신경을 쓰다 보면 스트레스가 생긴다. 스트레스가 심해지면 마음이 무거워지고, 마음이 무거워지면 끝없는 걱정에 휩싸이게 된다. 그리고 끝없는 걱정은 우리를 허점투성이로 만들어 지혜로운 사고를 단절시키고, 작은 실패도 이겨내지 못하는 사람으로 만든다.

2년 전, 갓 글을 쓰기 시작했을 때 나는 글쓰기 모임에 등록했다.

글쓰기 모임에서 해야 할 일은 딱 두 가지였다. 첫째, 매일 2천 자 이상 글쓰기. 둘째, 각종 1인 미디어를 통해 일명 '글쓰기의 신'으로 통하는 크리에이터나 프로 작가가 전하는 노하우 듣기. 예컨대 그들이 어떻게 한 편의 글로 수만 명의 팔로워를 거느리게 되었는지, 어떻게 하면 광고 한 편에 10만 위안을 받을 수 있는지 등을 알아보는 것이었다.

그러나 얼마 못 가 나는 글쓰기 모임을 그만두었다. 매일 글 한 편을 쓰기가 벅찼기 때문이다. 개중에는 하루 한 편 글쓰기도 모자라 하루 두 편, 심지어 세 편의 글을 쓰며 누가 더 많이 썼는지 경쟁하는 이들도 있었다.

글쓰기 모임의 리더는 매일 10만 자 이상의 글을 쓰는 '명수'인데, 3개월 만에 수백 만의 구독자 수를 달성한 바 있다며 심심찮게 자랑을 늘어놓았다. 그는 모임을 그만두는 나에게 장담컨대 나처럼 의지력이 부족한 사람은 작가의 세계에서 살아남을 수 없을 것이라고 했다.

그러나 1년 뒤 글쓰기 모임에서 알게 된 100여 명의 작가 모두가 SNS상에서 장렬히 '전사'했다. 그리고 2년 뒤 내 글의 구독자 수가 당시 모임의 리더 '명수'의 구독자 수를 훨씬 앞질렀고, 내가 게시하는 글마다 수많은 댓글이 쏟아졌다.

어떤 광고주는 '명수'의 SNS에 올라오는 글에는 진실성이 없는데 조회 수가 비정상적으로 높다고 말하기도 했다.

아닌 게 아니라 이 '명수'는 1년 전부터 자신이 글을 쓰지 않고 대필 작가를 고용하고 있었다. 편당 돈을 받는 대필 작가가 무슨 질을 고려했겠는가! 결국 그의 SNS는 '글 세탁' 사실이 발각되면서, 그리고 세계관·인생관·가치관 등이 불손하다는 문제가 불거지면서 팔로워 수가 급감했다.

한번은 1인 크리에이터 총회에 참석했다가 다시 그를 만났는데 그가 몹시 겸연쩍어하며 내게 말했다.

"하루 한 번 업데이트라는 게 내가 가진 지식도, 내 멘탈도 바닥내는 일이더라고요."

그런 그에게 나는 말했다. 내가 글쓰기 모임을 그만둔 이유는 1일 1 업데이트가 피 말리는 작업이어서가 아니라 내가 할 수 없는 일임을 깨달았기 때문이라고.

정말이었다. 억지로 시도도 해보았지만 좋은 결과물이 나오기는커녕 작업 후 사고 능력을 회복하는 데 더 많은 시간과 에너지만 소비되었다.

애초에 내가 할 수 있는 일이 아니기에 나는 나의 속도를 따를 수밖에 없었던 것이다. 나는 내가 결국 그들을 뛰어넘으리라고 생각해본 적이 없다. 당시의 내게 그들의 성공 여부는 나와 전혀 상관없는 일이었기 때문이다. 내가 나에게 준 임무는 그들을 앞지르는 것도, 그들에게 뒤처지지 않는 것도 아니었다. 나와 나의 가장 소중한 사람들이 좀 더 나은 삶을 사는 것, 그것이 내 목표였다.

심각한 불안과 과잉 생산은 결국 우리의 정신력을 갉아먹는다. 실제로 많은 사람이 이러한 소모 과정에서 희생양이 되고, 일생을 평범하게 살다 세월 속의 덧없는 꽃으로 진다.

요컨대 요즘 사람들에게는 불완전한 자신을 받아들이는 능력이 너무나 부족하다. 때로는 누군가를 좋아하다 못해 다른 사람의 세계를 겉돌며 괜한 논쟁을 벌이고, 자신을 몰아붙이는 어리석은 행동을 하는 이유도 바로 이 때문이다.

남들이 넘볼 수 없는 위치에 오르기 위해서 기를 쓰고 노력하지만 정작 사람들은 알지 못한다. 자기 능력이 충분하다면 남들이 뭐라 하든 쉽게 마음의 동요가 일어나지 않는다는 사실을 말이다.

꼭 남보다 뛰어날 필요는 없다. 그러나 단단한 마음을 가질 필요는 있다.

03

"샤오란네 엄마는 온종일 마작을 해도 샤오란의 성적은 잘만 나오더라!"

'당신의 또래 친구들은 벌써 CEO가 되어 인생의 전성기를 구가하고 있다.'

어려서는 어머니에게 귀에 딱지가 앉도록 듣고, 커서는 SNS를 통해 눈이 짓무르도록 읽은 말들이다.

그러나 우리네 어머니가 알지 못하고, 수백만의 조회 수를 기록하는 인기 작가들이 알려주지 않는 사실이 있다. 바로 샤오란의 어머니는 마작하는 것 외에도 매일 아이의 등하교를 책임졌으며, 늦게까지 공부하는 아이의 야식을 챙기고, 아이와 함께 영화를 보러 가기도 했다는 것과 성공한 청년 사업가들이 보유한 주식은 '거물 투자자'를 대신해 보유하고 있는 것이 대부분이라는 사실이다.

그런 의미에서 모바이크 창업자 후웨이웨이가 중국의 유명 경제 전문 칼럼니스트 우샤오보(吳曉波)에게 한 말은 자못 의미심장하다.

"자본은 사업의 동력이 되죠. 하지만 결국엔 모두 갚아야 할 돈이에요."

아마도 후웨이웨이가 폭발적인 조회 수를 기록했던 그 글을 본다면 글쓴이의 글솜씨는 인정하지만, 금융투자나 창업환경의 냉혹함에 대해서는 아무것도 모른다며 그저 웃어넘기지 않을까?

메이퇀이 모바이크를 인수하지 않았다면 그녀는 제2의 자웨팅(賈躍亭, 중국의 웹 스트리밍 서비스 제공 및 스마트 단말기기 제조기업 러스(Letv, LeEco)의 창업자이자 최고경영자였지만 무리한 사업 확장으로 빚더미에 앉았고 결국 지난해 미국에서 파산보호 신청을 했다)이 되었을지도 모르기 때문이다.

엄밀히 말하면 우리의 동년배들은 우리를 제치고 버린 것이 아니다. 거물 투자자의 차에 몸을 싣고 차창 밖으로 고개를 내민 채 우리에게 손을 흔들고 있을 뿐이다.

자신감과 쓸쓸함이 혼재된 그들의 얼굴을 바라보고 있는데, 누군가가 대뜸 "봐, 넌 저들에게 뒤처졌어!"라고 말을 하니 분함에 발을 구를 수밖에.

자신의 주변에 이런 사람들이 있다면 멀리하길 바란다. 그들은 우리에게 걱정거리를 안겨주고 나뭇잎 하나로 우리의 눈을 가려 전체를 보지 못하게 할 뿐, 문제를 해결할 방법은 알려주지도 않을 테니 말이다.

강함이란 그 무엇에도 평정을 유지할 힘이다. 이를 위해서는 불완전한 현재의 자신을 받아들이고 자신만의 속도로 차근차근 나아갈 수 있어야 한다.

심리학에서 유명한 '여키스-도슨 법칙(Yerkes-Dodson Law)'을 보면 각성수준이 업무효율에 미치는 영향에 대해 이렇게 정리하고 있다.

동기에 대한 각성이 부족하거나 너무 강하면 업무효율이 떨어지며, 업무 특성에 따라 '최적 각성수준(Optimum Level of Arousal)'이 달라진다.

비교적 쉬운 임무를 처리할 때는 동기에 대한 각성수준이 상승함에 따라 업무효율이 높아졌지만, 임무의 난도가 상승하면서 '최적 각성수준'이 조금씩 하락하는 추세를 보였다. 다시 말하면 비교적 난도가 높은 임무를 수행할 때는 동기에 대한 살짝 낮은 각성수준이 임무를 완수하는 데 오히려 도움 된다는 뜻이다.

운명을 바꾸는 일은 난도가 상당히 높은 일이다. 그러니 동기에 대한 각성수준을 조금만 낮춰보길 추천한다. 누가 수십억을 벌었다고 하더라는 '카더라 통신'에 동요해 자기 자신을 나무라는 데 귀중한 시간을 낭비하기보다는 그리 쉬운 상대는 아니지만 자신과 떼려야 뗄 수 없는 대상에 좀 더 주의를 기울이는 것이 낫다.

그 대상은 바로 어제의 자신이다.

진짜로 난 사람은 남보다 뛰어난 사람이 아니라 어제의 자신을 뛰어넘은 사람이다.

진짜로 난 사람은
남보다 뛰어난 사람이 아니라
어제의 자신을 뛰어넘은
사람이다.

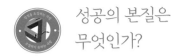

성공의 본질은
무엇인가?

01

　지난 6년간 내 심리학 수업을 듣는 학생들에게 꾸준히 내준 과제가 있다. 조금은 독특한 학기 중 과제인데, 이를 훌륭하게 마친 학생들은 저마다 졸업 후 입사한 회사에서 제 몫을 톡톡히 해내고 있다. 물론 앞으로 더 큰 뜻을 펼치며 활약할 거라고 본다. 문제는 해가 거듭될수록 과제의 질이 떨어진다는 것, 심지어 과제를 완수하지 못하는 학생이 늘고 있다는 사실이다.

　그 과제는 바로 학생 20명이 한 조를 이뤄 스마트폰으로 대학생들의 심리변화를 반영한 5~10분가량의 클립영상을 만드는 것이다.

　내가 이런 과제를 내는 이유는 매년 지역에서 열리는 심리극대회와 심리 마이크로필름대회에 참가할 인재를 선발하기 위해서이기도 하다. 하지만 무엇보다 아무리 대단해 보이는 일들도 막상 해보면 별것 아닌 경우가 많다는 간단한 이치를 학생들에게 일깨워주기 위함이 더 크다.

리아오(李敖, 대만의 유명 반체제 인사로, 역사학자이자 정치가이며 작가이다)는 말했다.

"스스로 못 할 거라 생각한 일을 해내는 데 인생의 첫 번째 즐거움이 있고, 남들이 나는 하지 못할 거라 말한 일을 해내는 데 인생의 두 번째 즐거움이 있다."

내가 나름대로 괜찮은 지금을 보내는 이유는 리아오의 이 말을 뼈저리게 이해한 덕분이라고 해도 과언이 아니다.

우리는 어려서부터 부모님의 끊임없는 '초 치기'와 '엄친아, 엄친딸' 공격을 경험한다. 그 과정에서 일찌감치 우리 마음속에 터를 잡는 생각이 있는데, 그것은 바로 '난 안돼!'이다.

심리학 연구에 따르면 이러한 '자기불구화(Self-handicapping)' 현상이 한 사람의 사회적 지위에 지대한 영향을 미친다고 한다.

자기불구화란 미래에 발생할 잠재적인 실패에 자존심이 다치는 일이 없도록 자신 스스로 '심리적 장벽'을 쌓아두는 인지전략 중 하나다. 쉽게 말해서 '난 이렇게 어려운 일을 할 수도 없고 하지도 못해! 내가 성공할 기회는 거의 제로일 거야!'라고 자기암시를 하는 것이다. 이러한 '심리적 장벽'은 성공을 가로막는 중요한 원인 중 하나로, 즐거운 삶과 성공적인 커리어에 큰 걸림돌이 된다.

물론 자기불구화에 단점만 있는 것은 아니다. 승산 없는 싸움에 자신이 가진 모든 것을 거는 불상사를 막아주기도 한다. 외부적 요소 때문에 자신이 완전히 무너지는 일이 없도록 스스로 보호하는 기능을 하는 것이다. 그러나 문제는 우리의 대뇌가 생각보다 게을러서 전혀 다른 두 가지의 일을 동시에 생각하지 못한다는 점이다. 이 때문에 '나는 그럴 재목이 아니야'라는 부정적인 착각을 하고, 이로써 계속 현실 도피를 한다. 리아오는 바로 이런 점을 꼬집으며 말했다.

"앞으로 나아가는 데는 단 한 가지 이유면 충분하지만, 물러서는 데는 백 가지 이유가 필요하다. 그러나 사람 대부분은 백 가지 이유를 들어 자신이 겁쟁이가 아님을 증명하려 할 뿐, 단 한 가지 이유를 들어 자신의 용감함을 증명하려 하지는 않는다."

다만 끊임없이 자기불구화를 이겨낸 리아오도 미처 깨닫지 못한 게 있다. 바로 인간이 그러는 이유는 겁쟁이라서가 아니라 우리의 뇌에 '슈퍼 네거티브 컴퓨터'가 작동하고 있기 때문이라는 사실이다.

이 슈퍼 네거티브 컴퓨터는 무슨 일이든 '난 안돼' 하는 생각을 먼저 대뇌에 입력해 시작도 하기 전에 친구들에게 비웃음을 산다든지, 부모님에게 혼이 난다든지 하는 최악의 결과를 산정하게 만든다.

물론 이러한 생각을 가진 채로는 일의 완성도가 낮을 수밖에 없고, 결국 대뇌가 미리 걱정했던 대로 정말 최악의 결과지를 받을 가능성이 크다. 그러면 우리의 대뇌는 또다시 '거봐, 내 말이 맞잖아!' 하며 부정적인 기억에 한층 더 힘을 싣는다.

그러나 대학생활 혹은 사회생활을 시작하면 평가시스템이 다양해지고 경쟁도 더 치열해지는 만큼, 자기불구화 현상을 극복하는 법을 배워야 할 필요가 있다.

그렇다고 구미 영화에서처럼 소중한 사람이 떠나가는 모습을 지켜봐야 한다거나, 일본 애니메이션에서처럼 강력한 적에게 죽음의 위기까지 내몰리는 훈련을 해야 하는 것은 아니다. 인도 영화에서처럼 춤을 배워야 한다거나 중국 궁중 암투극에서처럼 친구의 배신이나 남편의 외도 등을 경험해야 할 필요도 없다.

사실 자기불구화 현상을 극복하기란 그리 어려운 일이 아닐뿐더러 이를 위해 엄청난 대가를 치러야 할 필요도 없다. 작은 일부터 시작하되, 자신의 성과에 대해 지대한 관심을 보내줄 평가자가 있으면 충분하다. 내가 심리학 수업 때 내주는 과제는 바로 이러한 목적을 달성하기 위함이다. 물론 학생들이 촬영한 클립영상은 그들이 생각하는 영화와는 큰 차이가 있을 것이다. 그러나 수업 시간에 이를 재생하면 그 무엇보다 현실적인 내용에 웃음과 박수가 터져 나온다. 그러면 나는 그중에 좋았던 점을 꼽으며 학생들이 만들어낸 결과물이 기대 이상이라고 아낌없이 칭찬해준다. 이렇게 하면 학생들의 자기효능감을 끌어올려 끊임없이 새로운 것을 시도할 힘을 키워줄 수 있기 때문이다.

일본의 신경심리학자 니시다 후미오(西田文郎)는 이러한 기술을 '착각의 법칙'이라고 부르는데, 꾀를 부리려는 대뇌의 계획을 간파해 '슈퍼 네거티브 컴퓨터'를 무력화하는 데 그 핵심이 있다. 즉 사소한 일들을 통해 학생들이 생각의 오류를 인식하고, 대뇌가 생각하는 '최악의 결과'는 발생하지 않을 거라는 사실을 깨달을 수 있도록 해야 한다는 뜻이다. 대뇌가 습관적으로 '긍정적인 착각'을 만들어내 자신의 운명을 바꾸는 노력을 할 수 있도록 채찍질을 하는 것이다.

인간의 가장 큰 비애는 강한 욕망이 있음에도 그것에 맞는 자율성과 자신감이 없어 목표를 달성하지 못한다는 데 있다.

니시다 후미오는 자신감과 자율성을 가지려면 우리의 뇌를 속일 필요가 있다며, 지난 45년간 대뇌를 연구한 결과 우리의 뇌가 옳다고 생각하는 일들의 99%가 실은 옳지 않았다고 지적한다.

성공은 대뇌를 속이는 사람을 편애하고, 실패는 대뇌에 속아 넘어가는 사람을 찾아간다.

02

내가 대뇌를 속일 때 자주 사용하는 방법이 있다. 바로 '달리 선택의 여지가 없잖아!'라고 생각하는 것이다.

일반적으로 우리의 대뇌는 본능적인 결정을 먼저 내린 다음 그것을 뒷받침할 관련 증거들을 수집하기 시작한다. 그리고 이와 동시에 결정에 반하는 근거들을 무시하는 경향이 있다.

본능적으로 어떤 일을 하고 싶지 않다는 생각이 들면, '시간이 없잖아', '능력 밖의 일이야', '아직 때가 아니지', '위험부담이 너무 커' 등의 이유부터 찾게 되는 것이다. 그런데 누군가가 우리에게 그 일을 하면 '많은 돈을 벌 수 있다'는 사실을 알려준다면 우리는 눈 딱 감고 그 일을 시도해볼 것이다. '내 본능은 이 일을 하지 말라고 말하고 있지만 돈을 많이 벌 수 있다니 일단 한번 해보지, 뭐!' 하면서 말이다.

그러나 이런 생각으로 일을 하면 그 결과는 미흡할 수밖에 없다.

그 생각이 잠재의식 속에서 우리의 노력을 방해하고, 우리의 생각도 제한할 것이기 때문이다.

그래서 나는 '안 할 수 없지!'라고 본능적인 생각을 아예 바꿔버렸다.

한 플랫폼에서 내게 온라인 강의를 부탁했을 때 나도 가장 먼저 리스크를 떠올렸다. '만일 제대로 해내지 못한다면 잔뜩 욕을 먹을 텐데, 그러면 어떡하지?' 하는 생각이 뇌리를 스쳤다. 그러나 '달리 선택의 여지가 없잖아' 하는 생각도 들었다.

순간 나의 머릿속에는 이런 장면이 그려졌다. 몇 달을 공들여 쓴 논문이 최우수 논문으로 선정되려는 순간, 갑자기 어떤 교수가 들어와 심사위원들과 몇 마디를 나누더니 결국 내게는 우수상이 돌아오고, 그가 총애하는 이의 논문은 최우수상에 선정되는……. 그렇게 생각들이 꼬리에 꼬리를 물었다.

'이렇게 되면 너무 억울하고 화가 나지 않을까? 마치 내 앞에 영원히 뛰어넘을 수 없는 거대한 산이 놓여 있는 느낌이겠지?

이의를 제기해도 그가 제출한 논문의 연구 가치가 더 높다는 빤한 말이 되돌아올 거야.

이런 악순환에서 벗어나려면 더 크고, 더 넓은 물로 나아가야 해. 그래, 내겐 달리 선택의 여지가 없어.

사실 이성적으로 따지면 어떻게 다른 선택의 여지가 없을 수 있겠는가?

그랬더라면 주변의 그 많은 사람이 조금 굶주린다고 당장 죽는 것도 아니니 그냥 버티자며 포기나 타협을 선택하고, 또 경제적인 안정을 우선하지는 않았을 것이다.

게다가 조금 더 이성적으로 따지면 그럭저럭 하루를 보내는 것도 그리 나쁘지만은 않지 않나? 가정의 행복을 추구할 수 있고, 또 자녀 교육에 에너지를 쏟으면 달리 실패라 할 것도 없으니 말이다.'

그러나 나는 나에 대한 자기암시가 강한 사람이었다. 내가 성공으로 나아갈 수 있도록 이미 나에게 '속아 넘어간' 나의 대뇌는 지금 물러서면 앞으로는 막다른 길뿐이라고 굳게 믿었고, 나는 이런 '착각'을 그냥 놔두었다. 그것이 당장 나의 성장에 도움을 줄 수 있다는 판단과 언젠가 이 착각이 내게 맞지 않는 날이 왔을 때 언제든지 이를 바로잡을 수 있으리라는 확신이 있었기 때문이다.

단언컨대 나에게 나 자신과의 싸움은 인생의 즐거움이다.

03 _____

그러나 안타깝게도 나는 학생들에게 계속해서 영상 제작 과제를 내줄 수 없게 되었다. 일찌감치 자신이 과제를 완수할 수 없을 거라고 판단한 몇몇 학생이 F학점을 피하고자 교무처에 이의를 제기했기 때문이다. 영화 전공도 아닌데 그런 과제는 할 수 없다는 이유에서였다.

나는 학과장 교수에게 요즘은 틱톡(TikTok)이나 콰이(Kwai) 등 숏비디오 플랫폼이 보편화되어 있어 영화를 전공하지 않는 학생이더라도 얼마든지 수행 가능한 과제라고 설명했다. 하지만 학과장 교수는 괜한 말은 만들지 않는 게 좋지 않겠느냐며 학생들을 가르치려면 마음을 넓게 가질 필요가 있다고 말했다.

지혜롭고 용감하며, 마음이 넓은 사람만이 자기 자신과 싸울 수 있다는 리아오의 말이 또 한 번 생각나는 순간이었다. 리아오가 세상을 떠났으니, 자기 자신에게 맞서 싸울 사람도 갈수록 줄어들겠지!

성공한 인생을 사는 사람은 관객으로 시작해 배우가 되고, 끝내는 극단주가 된다.

자기불구화에 빠진 사람은 관객이 되길 선호한다. 배우는 무대에 서기 위해 노력해야 하고 극단주는 리스크를 감수해야 하는 반면, 관객은 그저 편안하게 공연을 관람하면 되기 때문이다.

그런데 관객에게 미션을 던져주었으니, 이 얼마나 무례한 일이었겠는가. 관객으로서는 소파에 앉아 팝콘을 먹으며 공연이나 보려 한 자신을 귀찮게 군다고 생각했을 것이다.

나도 한때는 관객이었던 적이 있다. 그러나 어느 날 문득 삶이라는 드라마에 관객이 되는 것이 얼마나 위험한 일인지를 깨달았다. 무대에 오르지 않는 사람은 결국 삶에 의해 억지로 극에 꿰맞춰지게 마련임을 알았기 때문이다. 그것도 누군가에게 상처받고, 배신당하고, 누군가를 위해 자신을 희생하는 그런 역할로 말이다. 이런 드라마에서는 쉽게 퇴장할 수도 없고, 내 밥그릇 하나 챙기기도 어렵다.

인생이라는 드라마의 주인공이 되어 내가 직접 이야기를 써 내려가야 하는 이유는 바로 이 때문이다. 리아오의 말마따나 파리채 위에 앉은 파리가 가장 안전한 법이다.

무시당할 때의 모습을 보면
그가 얼마나 성숙한 사람인지 알 수 있다

01

내 친구 쉬 박사는 서른을 목전에 두고 있지만, 아직 '포닥(Post Doctor, 박사후과정)'이다. 하루는 그가 소개팅에 나갔다가 상대에게 이런 질문을 받았다고 한다.

"이제 곧 서른이신데 저축은 얼마나 해두셨어요?"

이에 그는 조용히 계산하고 자리에서 일어났다고 했다. 여기서 우리가 알아야 할 점은 상대의 질문이 그에게는 정신적 폭력이나 다름없었다는 사실이다. 왜냐? 그 누구보다도 성실하게 일하고 있는 그였지만, 그에 마땅한 보수를 받지 못하고 있었기 때문이다.

소개팅 사건 이후로 한동안 쉬 박사는 우울감에 시달리며 여러 번 정신과 상담을 받으러 다녔다. 하지만 그는 아무 변화도 시도하지 않은 채 여전히 현상을 유지했다. 내가 보기엔 '학습된 무력감(Learned Helplessness)'에 빠진 듯했다.

미국의 심리학자 마틴 셀리그먼(Martin Seligman)이 개를 대상으로 유명한 실험을 진행한 적이 있다. 개를 우리에 가둬두고 버저가 울릴 때마다 전기충격을 가하는 실험이었는데, 물론 우리에 갇힌 개는 전기충격을 피할 수 없었다.

그렇게 몇 번의 실험 후, 이번엔 버저가 울리고 전기충격을 가하기 전에 먼저 우리의 문을 열어두었다. 그러자 개는 달아나기는커녕 전기충격이 시작되기도 전에 이미 신음하며 몸을 떨었다. 이렇게 얼마든지 달아날 상황임에도 절망한 채 고통이 오기를 기다리는 것, 이게 바로 학습된 무력감이다.

쉬 박사는 자신의 이야기를 털어놓으며 내게 기대했을 것이다. 내가 다른 친구들처럼 위로의 말을 건넬 거라고, 내년에는 지도교수의 마수에서 벗어나길 바란다고 말이다.

그러나 그러고 싶지 않았던 나는 그에게 무리해서 지도교수의 뒤치다꺼리를 할 필요도, 마음의 병을 숨길 필요도 없다며 그냥 철저히 무너져보라고 했다. 순간 어리둥절해하는 그에게 나는 말했다.

"그동안 자신의 우수함을 증명하기 위해 열심히 노력했는데도 여전히 제자리라면 이번엔 자신이 얼마나 쓸모없는 사람인지 증명해보는 것도 나쁘지 않을 것 같은데!"

한마디로 그에게 '반생산적 행동'을 해보라고 권한 것이다. 권력자가 이익분배와 승진 규정을 빌미로 '갑질'을 통제 수단으로 삼으려 할 때, '반생산적 행동'은 권력자의 자신감을 위협하는 요소로 작용하기 때문이었다.

사실 쉬 박사가 달아날 문은 열려 있었다. 그의 파업은 곧 팀의 파업이나 마찬가지였으니 말이다. 며칠 후 쉬 박사는 우울증으로 병원에 입원했다. 학교에는 서른 살에 나간 소개팅 자리에서 저축을 얼마나 해두었냐는 질문을 받고 멘탈이 깨졌기 때문이라는 이유를 들었다고 했다. 나는 그에게 이 이야기를 좀 더 극적으로 꾸며 가십을 좋아하는 몇몇 사람에게 말해보라고 했다. 그 결과 그의 이야기는 조각, 조각으로 학교 전체에 소문이 났고, 급기야 대학 총장의 귀에까지 들어가게 되었다. 소문을 들은 대학 총장은 농담하듯 그의 지도교수에게 물었다.

"제자에게 너무 엄격한 거 아닙니까?"

쉬 박사의 처지를 딱하게 여긴 한 교수는 원한다면 그를 자기 팀으로 옮겨주겠다고 말하기도 했다.

쉬 박사가 입원해 있는 동안 지도교수의 많은 업무가 마비되었고, 지도교수는 그제야 자신이 그를 붙잡아둘 수 없을 것임을 깨달았다. 그리고 이듬해 쉬 박사는 '211대학(21세기형 중점대학 100여 개를 건설하기 위해 1995년에 시작된 프로젝트로, 여기에 포함된 대학은 명문대학이라고 할 수 있다)'의 교수로 임용되었다.

정서적으로 미성숙한 사람은 남에게 괴롭힘을 당할 때 오로지 한 가지 문제만을 생각한다.

'내게 왜 이러는 걸까?'

쉬 박사는 끊임없는 저항을 통해 그의 지도교수에게서 벗어날 수 있었다. 하지만 그는 '나는 잘못한 게 없는데, 그는 내게 왜 이러는 걸까?'라는 인식의 함정에 갇혀 있을 뿐이었다.

사실 사람이 사람에게 악의적인 공격을 가하는 이유는 순전히 이기심 때문이며, 심지어 때로는 아무런 이유조차 없는 때도 있다. 그러나 사람들은 잘못된 인식으로 타인의 악의 앞에 그저 자신의 신세를 한탄하며, 속으로만 상대의 흉을 본다. 마치 어느 날 갑자기 상대가 양심의 가책을 느끼고 악의적인 공격을 그만두기라도 할 것처럼 말이다.

이는 정신적으로 엄청난 스트레스가 됨은 물론이고, 우리의 귀중한 시간을 앗아 가며, 우리를 허무한 고통 속에 빠뜨려 허우적대게 만든다. 심지어 '어떻게 하면 가해자의 비위를 맞출 수 있을까?'를 궁리하는 데 온 신경을 쏟아 실은 누군가가 묵묵히 자신을 사랑하고 있다는 사실을 완전히 잊어버리게 만들기도 한다.

때로는 가만히 괴롭힘을 견디는 것보다 달아나는 데 더 큰 용기가 필요하다.

가젤이 사자의 먹잇감이 안 되려면 빨리 달리는 수밖에는 없다. 사자보다 느린 자신을 원망하면서 사자의 잔인함을 욕해봤자 사자에게 잡아먹힐 뿐이다.

02 _____

사람을 괴롭히는 것은 능력이라고 할 수 없다. 그러나 전술적으로 '괴롭힘을 당하는 것'은 엄청난 능력임에 틀림이 없다.

《기경 13편》에 이런 말이 나온다.

'자고로 치국에 능한 자는 군대에 의존하지 않으며, 군사를 부리는 데 능한 자는 전쟁을 피하는 것을 최종 목표로 삼는다. 포진에 능한 자는 상대를 공격하지 않고도 능히 승리하고, 전투에 능한 자는 영원히 패배하지 않으며, 패배의 교훈을 새기는 자는 목숨을 잃지 않는다(古之善理者不師, 善師者不陳, 善陳者不戰, 善戰者不敗, 善敗者不亡).'

이 중 패배의 교훈을 새겨 목숨을 잃지 않음은 최고 경지의 전술이라고 할 수 있다. 강력한 힘을 마주했을 때도 실패를 마다하지 않으며 실패해도 달아나지 않는 방법, 괴롭힘을 당해도 만신창이가 되지 않는 방법을 배운다는 뜻이기 때문이다.

한편 제갈량은 실패했을 때 자존심을 버리고, 당장 주어진 조건을 이용해 반격을 가하거나 적의 적에게 도움을 구하는 것이야말로 '패배의 교훈을 새겨 목숨을 잃지 않는 방법'이라는 새로운 해석을 추가했다.

그런데 사실 이러한 전술을 최대로 활용한 사람은 제갈량의 영원한 맞수였던 사마의다. 그는 오로지 승리만을 생각하는 사람이 정말 최후의 승자가 될 수 있겠느냐 반문하며, 싸움하려면 먼저 잘 지는 법을 배워야 한다고 말했다. 졌다고 부끄러워하거나, 상처받지 않아야 진정으로 마지막에 웃는 사람이 될 수 있다면서 말이다.

사마의는 자신이 전술적으로 제갈량과 필적할 수 없음을 알고 싸움을 피하는 소극적 전략을 선택했다. 그 덕분에 제갈량은 일부 지역에서 연달아 작은 승리를 거둘 수 있었다. 그러나 일곱 차례 나선 북벌에서 전세의 주도권을 잡지 못한 채 결국 오장원에서 병사했고,

촉나라 역시 국력을 소진했다.

제갈량은 한때 조진의 군대를 물리친 후 그에게 굴욕적인 편지를 보내 화병으로 쓰러지게 만든 인물이었다. 그는 전투를 피하는 사마의에게도 여자 옷을 보내 도발하려 했지만, 사마의는 덤덤하게 그 옷을 입고 위수에서 출사표를 읊는 것으로 응수했다.

사마의의 이런 행동은 되레 제갈량에게 모욕감을 안겨주었다. 출사표는 유비에 대한 그의 충심과 의리, 자신의 원대한 이상과 포부, 그리고 백성을 위하는 마음 등을 담아낸 글이었기 때문이다. 결국 사마의의 교묘한 작전에 말려든 제갈량은 멘탈이 무너지는 경험을 했고, 끝내 사마의와의 대결에서 패배했다.

잘 지는 사람의 힘이란 바로 이런 것이다.

03

교육계에 최대 난제가 하나 있다. 바로 '아이가 괴롭힘을 당했을 때, 상대에게 갚아주라고 가르쳐야 할까?'라는 문제다.

갚아주라고 말하자니 '아이가 폭력적으로 변하지는 않을까? 갚아주려다 오히려 더 큰 상처를 받는 건 아닐까?' 하는 걱정이 되고, 자신이 직접 나서서 해결하자니 갈등을 더 심화시키는 격이 될 것 같기도 하면서 영 체면이 서지 않기 때문이다. 그렇다고 아이에게 그냥 참고 넘어가라고 가르치자니 아이의 억울한 마음은 또 어찌한단 말인가!

이럴 때는 아이에게 '잘 지는 법'을 가르쳐볼 만하다. 자신보다 힘이 센 적과의 정면 대결을 피하되, 상대의 실력을 약화해 자신의 피해를 줄일 방법이 무엇일지 고민해보도록 하는 것이다.

중국의 심리학자 리숭위(李松蔚)가 자기 딸 이야기를 한 적이 있다. 그에게는 만 다섯 살이 채 되지 않은 딸이 있는데, 딸 친구가 자꾸 딸의 손에 낙서하더라는 것이다. 처음 그는 딸에게 친구가 또 그런 행동을 할 때는 "하지 마!" 하고 의사 표현을 분명히 하도록 가르쳤다고 했다. 그러나 이내 딱 잘라 거부 의사를 밝히는 방법으로는 안 됨을 깨달았다고 한다. 그도 그럴 것이 아이들의 세계란 어른들의 논리가 통하지 않는 무질서한 세계이기 때문이다.

그런데 그의 딸아이가 스스로 방법을 생각하더니 친구에게 이렇게 말했다고 한다.

"그려도 돼. 그런데 지워지지 않는 펜으로 그리면 앞으로 너랑 친구 안 할 거야!"

그러고는 이렇게 한마디를 덧붙이더라는 것이다.

"우리 집에 잘 지워지는 보드 마커가 있는데 그거 쓸래?"

그랬다. 그의 딸은 만 다섯 살이 되기도 전에 '잘 지는 법'을 깨우친 것이다.

은근히 자신을 괴롭히는 친구에게 '절교'라는 강수를 두되, 이와 함께 '잘 지워지는 보드 마커' 사용을 권하며 피해를 줄이는 방법까지 제시했으니 말이다.

비단 아이들의 세계뿐만 아니라 어른들의 세계에도 무질서는 존재한다. "그만!" 하는 우리의 말에 상대가 꼭 행동을 멈추리라는 보장은 없으며, "또 그러면 화낸다!" 하는 말은 하나 마나 한 경우가 허다하다. 왜냐? 원래 이 세상에서 우리에게 상처를 주는 사람들은 대개 교양 있는 문명인이 아닌 막돼먹은 야만인이기 때문이다.

따라서 우리는 방어하는 방법을 배우고, 필요에 따라 숨는 방법도 배워야 한다. 이는 결코 부끄러운 일이 아니다. '상대가 주제를 파악하게 만드는 기술'이 아무에게나 통하는 것은 아니지 않는가! 자신의 실력을 유지하며 기회를 봐서 움직이는 것이야말로 약자가 강자를 이길 유일한 방법이다.

물론 '미운 친척에게 복수하는 법', '교양 있게 분노를 표출하는 법'에 비하면 너무 무른 방법이라 성에 차지 않을지도 모른다. 그러나 우리가 알아야 할 사실이 있다. 바로 누군가가 우리를 괴롭혔을 때, 대놓고 화내거나 말로 갚으려면 현재의 감정이나 조건을 이용해 상대의 코를 납작하게 해줄 정도가 되어야 한다는 점이다. 특히 자신의 핵심 이익이 침해받았을 때 이를 당장 앙갚음해줄 상황이 아니라면 차라리 침묵하거나 웃어넘기는 것이 낫다. 그러면 당신을 괴롭혔던 사람은 분명 머지않아 엄청난 대가를 치르게 될 것이다.

상대가 나를 놓아주지 않을 거란 계산이 섰을 때는 화를 내봐야 아무런 소용이 없다. 기껏해야 상대에게 선을 지키라고 경고하는 정도의 효과랄까? 상대에게 전혀 그만둘 마음이 없다면 감정적 대응은 금물이다. 그럴 때일수록 머리를 비워 상대의 약점과 내 편이 되어줄 사람을 찾아야 한다.

상대를 앞에 두고도 그를 피해 가라고 말하는 이유는 그를 두려워하라는 뜻이 아니라 멋지게 반격할 때를 기다리라는 뜻이다. 나는 상대를 기억해도 상대는 나를 기억하지 못하도록 하는 전략을 구사해 그의 뒤통수를 노리라는 것이다.

괴롭힘을 당한 경험은 결코 인생의 선물이라 할 수 없다. 하지만 때를 기다렸다가 반격을 가한 경험은 삶에 커다란 선물이 된다.

이기고 지는 일에는 명예도 굴욕도 없다. 그저 빼앗는 쪽과 잃는 쪽이 있을 뿐이다.

제2차 세계대전 때 용맹을 떨쳤던 지휘관이 가장 어려운 임무를 앞두고 병사들에게 한 말이 있다.

"이번 임무에는 두 가지 결과가 있을 뿐이다. 희생하거나 더 많이 희생하거나! 그러니 너희에게 주어진 선택지는 단 세 가지다. 첫째, 살아남는다. 둘째, 끈질기게 살아남는다. 셋째, 살아남아서 기회를 엿봐 적을 처치한다."

나는 이것이야말로 성숙한 사람의 자세이며, 괴롭힘을 당했을 때 우리가 갖추어야 할 최고의 지혜라고 생각한다.

괴롭힘을 당한 경험은 결코 인생의 선물이라 할 수 없다.
하지만 때를 기다렸다가 반격을 가한 경험은 삶에 커다란 선물이 된다.

약자일수록 남에게
밉보이기를 두려워한다

01

인터넷에 올라온 화제의 글이 있다. 왜 착한 사람들이 항상 당하고 사는지 그 이유를 깨닫게 해준 글인데, 그 안에는 절대 밉보이면 안 되는 사람 여섯 가지 유형이 나열되어 있다.

1. 한가한 사람, 시간이 남아돌기 때문에 끝까지 앙갚음할 것이다.
2. 가난한 사람, 잃을 것이 없기에 두려운 것도 없다.
3. 돈 많은 사람, 돈으로 당신을 깔아뭉갤 것이다.
4. 뒤에서 험담하길 좋아하는 사람, 이간질로 시비 거는 능력이 보통이 아니다.
5. 소인배, 무슨 수작을 부릴지 알 수 없다.
6. 남의 비위를 맞추는 데 능한 사람, 어떤 뒷배가 있을지 알 수 없다.

나는 이 글을 보고 내심 놀랐다. 글에 나열된 여섯 가지 유형의 사람은 우리 주변에서 흔히 볼 수 있는데, 전부 밉보여선 안 된다면 도대체 미움을 사도 되는 상대는 누구란 말인가?

답은 뻔했다. 우리가 유일하게 밉보여도 되는 상대는 착한 사람뿐이었다. 윗글의 논리대로라면 착한 사람은 우리에게 전혀 위협적이지 않은 존재이자 가장 힘없고 나약한 유형의 인간인 셈이기 때문이다. 이런 식이라면 과연 누가 착한 사람이 되려 할까?

사실 사람들이 이렇게 열심히 부연 설명까지 곁들이며 절대 밉보이면 안 되는 유형을 정리한 글에 열광하는 이유는 '행여 누군가에게 미움을 사 해코지라도 당하면 어쩌지?' 하는 두려운 마음 때문일 것이다. 결국 글쓴이나 그 글을 읽고 퍼 나른 이들이나 누군가에게 밉보일까 봐 두려운 마음 약한 존재라는 뜻이다.

혹시 다른 사람들이 당신을 막 대하진 않던가? 그렇다면 그들이 당신에게 밉보이길 두려워하지 않는 이유는 무엇일까? 당연히 당신이 착한 사람이기 때문이다! 그러나 착한 사람이라고 해서 나약한 사람이 돼야 한다는 뜻은 아니다. 선함에도 날카로움이 있어야 한다.

중국의 청년 작가이자 엔라이트 픽처스(光線影業)의 부대표 류퉁(劉同)은 말했다.

"이 세상에 남에게 밉보이지 않을 성격이란 따로 없다. 그러니 자신의 어떤 성격 때문에 다른 사람에게 미움을 살까 봐 지레 겁먹지 말고, 나답게 살아라. 나다운 사람이 되면 더 이상 남에게 밉보일까 두려워할 일은 없다. 이미 당신은 어떤 결과든 책임질 준비가 되어 있기 때문이다."

진정한 안정감은 다른 사람이 아니라 인생의 불안함에 대한 충분한 경험에서 비롯된다. 다시 말해서 안정감은 다른 사람에게 밉보이지 않는 방법을 아는 데서가 아니라 미운 사람들을 대하는 방법을 이해하는 것에서 비롯된다.

남에게 밉보이는 것을 두려워하는 사람일수록 세상의 악의에 마주할 힘이 없다는 뜻으로, 이런 사람은 앞으로 나아갈 수가 없다.

입을 벌리고 웃었다는 이유만으로도 남에게 미움을 살 수 있는 오늘날, 누구에게도 밉보이지 않으려면 밑바닥에 납작 엎드리는 수밖에 없다. 설령 그럴지라도 '대단한' 어떤 이들은 이를 거슬려 할 테지만 말이다.

02

어른들의 세계에서는 처신보다 개인이 처한 상황을, 물정보다 개인의 세계관과 가치관을 그리고 인생관을 더 중시한다.

세계관, 가치관, 인생관이 일치하지 않으면 아무리 세상 물정에 밝고 처세에 능해도 상대가 생각하는 선을 넘을 때가 있다. 두 사람의 입장이 다르면 아무리 서로의 감정을 고려할지라도 상대에게 모든 이야기를 솔직하게 털어놓기란 어렵기 때문이다.

내가 기숙사 생활지도원을 맡았을 때 신입생이 들어오고 유난히 잠음 많던 한 기숙사 방이 있었다. 저녁 소등 후 한 학생이 노트북으로 게임을 하다 같은 방을 쓰는 다른 학생과 싸우고, 당번을 정하는 문제로 또 싸우고, 면도기 사용 문제로 싸움이 날 뻔한 적도 있었다. 하지만 그렇게 하루가 멀다 아웅다웅하면서도 이 기숙사의 남학생들은 단 한 번도 방을 바꿔달라고 요청한 적이 없었다.

그렇게 그들은 모두가 알아줄 정도로 친한 사이가 되었다. 언젠가 그 비결을 묻는 내게 그들은 싸우면서 정이 든 것 같다고 말했다.

그러나 엄밀히 말하면 꼭 그렇지만도 않았다. 이 남학생들은 처음부터 자신의 태도를 분명히 밝히고, 기숙사라는 작은 공간에서 서로의 영역을 분명히 했으며, 빈번한 다툼으로 가식을 벗어던지고 속 깊은 대화를 나누었기 때문이다.

한번은 식사 시간에 한 남학생이 자리를 피해 전화 통화를 하러 나가자 옆에 있던 친구가 그를 놀리며 이렇게 말했다.

"여자 친구가 얼른 들어가라고 잔소리하나 보네."

그러나 그와 한방을 쓰는 학생 세 명은 아무 말도 하지 않았다. 그것이 바로 기숙사 룸메이트들끼리 지켜야 할 선이었다.

사람들은 자기 친구 혹은 연인이 변했다며 볼멘소리를 자주 한다. 그러나 실은 상대가 변한 것이 아니라 더 이상 자신의 본모습을 숨길 수 없게 되었을 뿐이다.

그런데 꼭 그렇게 본모습을 숨길 필요가 있을까? 사람에게는 누구나 비밀스럽고 사적인 공간이 있게 마련인데, 처음부터 선을 넘지 말아달라고 분명히 말해두면 얼마나 좋을까!

우리는 '다른 사람에게 미움을 사지 말라'는 가르침을 받고 자란다. 이는 자신의 외부 세계를 무한 연장해 함부로 다른 사람이 그어놓은 관계의 선을 무너뜨리지 말아야 한다는 뜻인데, 이런 무례는 절대 범해서는 안 된다.

인간관계에서 우리를 사지로 몰아넣는 행동은 남에게 밉보이는 자체가 아니라 '경계를 무시한 선 넘기'이기 때문이다. 이는 살면서 다른 누군가의 촉각이 서로의 관계에서 넘어서는 안 될 그 선을 넘어섰을 때, 우리 또한 주저 없이 그의 미움을 살 수 있어야 한다는 뜻이기도 하다.

설령 상대의 팔이 너무 길어 멀리까지 손이 뻗친 것이라 할지라도 우리에게는 마음이 무너지는 일이기 때문이다. 물론 다른 사람이 나의 가치관에서 벗어나거나 업계 규칙에 어긋난 행동을 할 때도 주저 말고 그의 비위를 거스를 줄 알아야 한다. 심리적 마지노선을 지켜야 모든 것을 잃지 않을 수 있고, 모두가 어려워하는 일이기에 더더욱 정도를 지켜야 하는 법이다.

한 위인은 싸움 한 번으로 10년의 평화를 얻을 수 있다고 말했다. 자고로 우리는 평화를 사랑해온 민족이지만, 상대가 우리의 심리적 마지노선을 침범한다면 가차 없이 행동해야 한다는 뜻이다. 세상 물정에 밝아 나에 대한 상대의 기대치를 너무 높여놓으면 상대도 우리의 노력을 대수롭지 않게 여길 수 있다.

중국의 청춘문학 작가 바웨창안(八月長安)은 말했다.

"인간관계란 참 희한하다. 사이가 가까워질수록 그 경계가 모호해지니 말이다. 그 탓에 열정만 믿고 물색없이 타인의 마음을 공략했던 이들은 전기 철조망에 상처를 입고 나서야 에돌아 갈 필요를 깨닫는다."

밉보이길 두려워하는 것은 자기 자신을 괴롭히고, 더 나아가 자아를 포기하는 것이나 마찬가지다. 두려움 때문에 끊임없이 자신의 존엄과 입장을 잃어간다면, 그 사람은 결국 진짜 그가 아닌 다른 모습이 되기 때문이다. 그렇게 마음의 경계를 완전히 잃고 나면 영혼 없는 빈껍데기로 전락한다.

독서는 자신의 격을 높이는
지름길이다

01 ____

언제부터인가 평균 독서량이 낮아지고 있다. 이는 모두가 인정하는 사실이다. 특히 요즘 대학생들은 독서에 흥미를 잃어 3년 동안 책한 권을 채 읽지 못하는 경우가 허다하다고 한다. 대학생들이 이처럼 독서를 사랑하지 않는 이유는 간단하다. 그들에게 독서는 고통스러운 일이기 때문이다. 왜냐? 교수님이 지정해준 교재나 필독서는 첫째, 현실과 동떨어진 내용이 대부분이고 둘째, 난해하기 때문이다.

직장인들은 또 어떤가? 대부분 일과 관련한 기본적 참고서를 들여다볼 뿐 책을 많이 읽지 않는다.

그런데 사람들이 독서를 즐기지 않는 와중에도 인터넷상의 일부 영웅소설이나 좀비소설 같은 것은 여전히 인기를 얻고 있다. 이러한 소설들은 대개 장르 특유의 클리셰(Cliché, 진부하거나 틀에 박힌 생각)를 따른다. 지극히 평범한 남성이 주인공으로 등장해 어느 순간 영웅으로 변신할 신비한 힘을 얻는다. 그리고는 뭇 여성의 사랑을 한

몸에 받으며 과거 자신을 괴롭히고 억압했던 사람들을 하나둘 물리치다가 급기야 인류를 구하거나 자신의 기분이 내키는 대로 파괴를 일삼는 식이다. 특히 남성들이 이러한 장르의 소설을 좋아하는데, 사실 이런 소설은 '판타지'를 만족시켜줄 뿐 '영양가'라고 할 것이 하나도 없다.

여성들이 즐겨 보는 소설도 클리셰 범벅이긴 마찬가지다. 하나같이 평범한 외모에 어수룩한 성격의 여성이 주인공으로 등장한다. 그리고 어느 날, 그녀는 집을 나서다 우연히 페라리에 치이는 사고를 당한다. 물론 이때 여주인공이 차에 치여 죽는 일은 발생하지 않는다. 차에서 내린 운전자는 돈 많고 잘생긴 남자 또는 모 그룹의 대표다. 그리고 정해진 공식이 그러하듯 여주인공은 돈 많고 잘생긴 그 차주와 사랑에 빠진다.

그러던 어느 날 남자는 여자에게 자신이 실은 청나라에서 타임슬립을 한 건륭황제라고 고백하며, 그녀와 함께 청나라로 돌아가 부귀영화를 누리고 싶다고 말한다. 그러기 위해서는 천둥 번개가 치는 날 밤, 벼락을 맞으면 된다면서 말이다. 그리하여 어수룩한 우리의 여주인공은 그의 말대로 벼락을 맞는데, 청나라로 타임슬립을 하기는커녕 병원으로 실려 간다…….

혹여 당신도 이런 소설들을 읽고 있다면 오늘부터는 그만 손에서 내려놓자. 아무리 이런 판타지소설이며 할리퀸소설이 국적 불문하고 많은 이에게 사랑받을지라도 사람을 판타지 속에 빠뜨리는 이런 소설은 실질적 지식 축적은 물론 정신적 성숙에도 도움 되지 않으니까.

그렇다면 어떻게 해야 올바른 독서 습관을 기를 수 있을까?

먼저 '인생 책 찾기'에서부터 시작해보자. 인생 책이란 무엇인가?

《소오강호》의 남주인공 영호충이 언제나 독고구검(獨孤九劍, 소오강호에 등장하는 검법의 하나)을 기억하듯, 책 속의 내용이 마음에 남아 시간과 장소를 막론하고 자기 삶 곳곳에 영향을 미친다면 그 책을 인생 책이라고 말할 수 있다. 인생 책은 곧 우리의 내공이자 심법이 되며, 책 속 내용은 우리의 인생 수업을 이끌어주는 길라잡이가 된다. 또한 책 속의 가치관이 우리의 인생관에 영향을 미치고, 더 나아가 우리의 인생을 바꿔놓기도 한다. 한마디로 우리 영혼의 버팀목이자 마음의 지지대가 되는 책이 바로 인생 책이다.

참고로 나의 인생 책이 무엇이냐고 묻는다면 프로이트(Sigmund Freud)의 《꿈의 해석》이나 마르케스(Gabriel Garcia Márquez)의 《백년의 고독》같은 책이라고 말하고 싶지만, 사실은 그렇지 않다.

솔직히 내게 가장 많은 영향을 미친 책은 중국의 청년 작가 리상룽(李尚龍)의 《당신은 겉보기에 노력하고 있을 뿐》이라는 책이다. 이 책이 확실하게 나를 바꿔놓았기 때문이다.

윈난성 누장 지역으로 교육 지원을 나갔을 때 나는 심리학 교수임에도 그곳에서 국어, 수학, 영어를 모두 가르쳐야 했다. 그러던 어느 날 우연히 리상룽의 책을 보았는데, 이후 이 책은 나의 강력 추천 도서가 되었다. 책 속의 여러 내용 중에서도 특히 인상적이던 대목은 현대인들이 보편적으로 가지고 있는 문제를 꼬집으며 이렇게 말한 것이었다.

'요즘 사람들은 자신의 모든 노력을 SNS에 업데이트한다. 그래서 다들 꽤 노력하고 있는 것처럼 보이지만, 이 같은 행동은 외려 자신이 충분히 노력했다는 착각을 불러일으켜 진짜 노력을 할 수 없게 만든다.'

이 책 덕분에 나는 리상룽이라는 사람을 알게 되었다. 그리고 그가 공식계정을 운영하며 여러 플랫폼에서 강의하는 모습을 보고 나도 그처럼 도전해보고 싶다는 생각을 가지게 되었다. 그래서 나는 그의 공식계정에 댓글을 남겼고, 그는 나의 도전을 응원해주었다.

그렇게 나는 1년 동안 공식계정에 꾸준히 글을 올리고, 온라인 수업도 개설해 지금까지 이 일을 이어오고 있다. 그의 책이 나의 인생 궤도를 바꿔놓은 셈이다.

이렇듯 인생 책이 한 사람의 삶에 미칠 수 있는 영향은 어마어마하다. 내가 살면서 자신만의 인생 책 한 권쯤은 꼭 있어야 한다고 말하는 이유는 바로 이 때문이다.

03 _____

어떻게 해야 독서를 사랑할 수 있을까?

무엇보다 책을 읽어야 할 동기를 부여하는 것이 중요하다. 사실 정규교육 과정에서는 노력과 발전을 강조할 뿐, 독서나 학습의 동력을 끌어올릴 방법을 가르쳐주지 않아 막상 스스로 동기를 부여하자면 막막한 경우가 많은데, 이럴 때는 다음 몇 가지 방법부터 시도해보자.

첫째, 작가와 소통하는 법을 배운다.

먼저 독자는 작가와 친구가 되어야 한다. 그래야 나중에 책을 읽을 때 작가에 빙의해 책을 더 재미있게 읽을 수 있다. 이는 독자로서 작가의 친구가 되었다가 작가로 데뷔까지 한 내가 보장하는 방법이다.

물론 내가 이렇게 얘기하면 혹자는 나를 포함한 작가들에게 메시지를 보내 답장 받기가 얼마나 어려운 줄 아느냐고 따져 물을 것이다. 사실 개인적으로 이 점에 대해서는 정말 미안하게 생각한다. 매일 300여 통의 메시지를 받다 보니 혼자서 모든 사람에게 답장해주기란 사실상 불가능하기 때문이다. 그러나 작가에게 무조건 답장 받을 방법이 있다. 바로 그의 공식계정에 댓글로 글에 대한 감상평을 한바닥 남기는 것이다. 그러면 당신의 댓글이 게시글 아래 놓이게 될 테고, 작가는 분명 당신의 그 댓글에 응답할 것이다.

둘째, 작가에 관한 에피소드를 알아본다.

작가와 소통하는 법을 배우라고 하면 어떤 이는 책 한 권을 읽는 일 자체가 작가와 대화를 나누는 것인데, 다른 소통이 더 필요하냐고 묻는다. 뭐, 틀린 말은 아니다. 그리고 또 어떤 이는 이렇게 묻는다. 이미 세상을 떠난 작가도 많은데, 이런 경우 누구와 소통해야 하느냐고 말이다. 그러면 나는 작가에 관한 에피소드를 검색해보라고 말한다.

참고로 나는 융(Carl Gustav Jung)의 책을 무척이나 사랑하는데, 그 이유는 그가 얼마나 대단한 업적을 남겼는지 잘 알고 있기 때문이다. 그는 정신 질환을 앓으면서도 심리학자로서 '집단무의식'이라는 개념을 발견했으며, 심리학적 연구를 통해 스스로 정신 질환을 극복하는 놀라운 일을 해냈다.

이뿐만 아니라 나는 소크라테스의 대화법, 일명 '산파술'에 대해 관심을 가지고 이를 깊이 연구하기도 했는데, 이는 순전히 소크라테스라는 인물에 대한 개인적 호기심 때문이었다. 소크라테스는 악처 크산티페에게 바가지를 긁히면서도 꼼짝 못 했다고 알려져 있는데, 왜 그처럼 섬세하고 재능 있는 사람이 아내에게 쥐여살았을까 싶었다.

어쨌든 이런 호기심을 가진 덕분에 나는 지금도 그의 작품을 읽을 때면 자연스레 공처가의 입장에 빙의해 색다른 재미를 느낀다.

최근에 내가 시간 가는 줄 모르고 몰입해서 읽었던 책은 바로 린이한(林奕含) 작가의 소설《팡쓰치의 첫사랑 낙원》이다. 이 책은 얼마나 몰입했던지 읽다가 눈물을 쏟아내기도 했다. 책을 읽기 전에 작가가 겪었던 처참한 일들과 그녀가 스스로 생을 마감했다는 소식을 알고 있었기 때문이다.

셋째, 작가와 대화하는 법을 배운다.

작가의 미니강의(일부 중점 내용 혹은 난해한 내용을 요약하고, 질문에 대한 답을 기록한 일종의 서머리 콘텐츠)를 듣는 것도 한 방법이다. 목소리를 통해 작가의 이미지를 그려보는 것이다. 그런 다음 다시 그의 책을 읽으면 내용이 쉽게 이해될 뿐만 아니라 묘한 친근감까지 느낄 수 있다.

내 학생 중에는 〈의림〉이나 〈독자〉 같은 잡지에 여러 번 글이 실린 글쓰기 고수가 있다. 그런데 한번은 그의 글 한 편이 학교 월례고사의 시험문제로 출제된 적이 있다고 한다. 그의 글을 예문으로 독해 문제가 출제된 것이었는데, 결론부터 말하자면 그의 답안지에는 엑스 표시가 되어 있었다. 그는 이 이야기를 하며 이렇게 개탄했다.

"완전 흑역사죠. 제가 중·고등학교 국어시험의 함정에 빠지다니!"

자신이 쓴 글이 예문으로 출제되었는데도 모범답안대로 독해하지 않았다는 이유로 오답 처리된 웃지 못할 일이었다. 문제는 처음부터 끝까지 글을 숙독하고, 자유로운 해석 대신 모범답안대로 글을 이해하게 하는 방법이 독서에 대한 흥미를 앗아 간다는 사실이다.

독서의 가장 큰 즐거움은 작가와 대화하는 방법을 배우는 과정에 있다. 이때 작가는 실질적인 이미지가 아니라 우리가 마음속으로 그리는 누군가가 될 수도 있다. 단, 우리의 마음속에 분명히 살아 있어야 한다.

04

어떻게 하면 빠르고, 효율적인 독서를 할 수 있을까?

대학에 들어가거나 사회생활을 하기 시작하면 갈수록 시간을 효율적으로 활용하지 못하고 있다는 느낌을 받게 된다. 때로는 온종일 아무것도 하지 않았는데 또 하루가 훌쩍 지나 시간과 인생을 낭비하는 느낌이 들기도 한다. 이는 우리의 삶이 패턴화해가고 있기 때문이다. 틀에 박힌 삶에 끌려가다 보니 잠시 멈춰 어떤 일에 전념하는 능력이 갈수록 퇴화하는 것이다.

중·고등학교 시절을 생각해보라. 수업과 수업 사이 길어봐야 10분인 쉬는 시간에도 우리는 참 많은 일을 했다. 앞자리 여학생에게 말도 걸고, 짝꿍에게 장난도 치고, 칠판에 낙서도 하면서 말이다.

왜냐? 수업을 마쳤을 때는 마음이 느긋해지는데, 그 느긋한 마음이 여러 일을 할 수 있게 해주는 동력이 된다. 하지만 출근했을 때는 마음이 답답한 상태이기 때문에 시간이 빠르게 지나가는 듯 느껴지고, 결국 아무것도 하지 못하는 거다.

미니강의에서 이런 실험을 한 적이 있다. 《사기》에서 두 단락을 뽑아 한 그룹은 양치하며 독서하고, 다른 한 그룹은 그냥 독서하도록 한 것이다. 그 결과 양치를 하며 독서한 그룹이 그냥 독서를 한 그룹보다 더 많은 내용을 이해한 것으로 나타났다.

왜일까? 이해하기 어려운 사람이나 사건을 마주했을 때 우리는 두려움을 느낀다. 그리고 이 두려움은 우리의 마음속 어느 시스템을 움직여 우리가 상처받지 않도록 두려움을 느끼는 능력을 차단한다. 그런데 양치하는 행동이 걱정과 두려움을 억제해 우리가 잠재력 일부를 발휘할 수 있도록 도움으로써 사물에 대한 이해도를 높인 것이다.

그러니 하기 힘들거나 하고 싶지 않은 일을 할 때는 일부 감각을 차단해 걱정과 두려움을 억눌러보자. 그러면 집중력이 높아져 타고 난 지혜가 발휘되고, 눈앞에 닥친 어려움을 극복할 수 있다. 이런 능력이 생기면 사회생활을 하다 위기의 순간이 닥쳐도 얼마든지 위기에서 벗어나 전화위복할 수 있는데, 이러한 기술을 갈고닦을 방법이 바로 독서다.

중국의 정신적 스승이라 불리는 지셴린(季羨林)은 말했다.

"독서도 버릇의 일종이라면 나의 유일한 버릇은 독서다."

인간은 반드시 책을 읽어야 한다. 그래야 선조들의 지혜를 계승하고 발전시킬 수 있다. 인간이 진보할 수 있었던 이유는 책을 읽고 책을 쓰는 능력이 있기 때문이다.

인간관계가 무용하다고 생각하는 이유는
'숨은 규칙'을 모르기 때문이다

01 _____

한때 시대를 풍미한 '인간관계 지상론'이 자취를 감추고, 최근에는 다시 '인간관계 무용론'이 급부상하고 있다.

모 공식계정에서는 감성이 인간을 망치고, 쓸데없는 인간관계가 현대인의 귀한 시간을 낭비하고 있다고 신랄하게 비판한 글이 수백만 조회 수를 기록하기도 했다. 요컨대 능력 있는 사람이 되면 다른 사람들이 절로 고개를 숙이고, 소위 대단한 인물도 친구가 되려 할 테니 실없는 인간관계에 연연하지 말라는 것이었다.

그러나 나는 인간관계가 유용하다고 생각한다. '받는 것보다 베푸는 것이 낫고, 남을 돕는 것이 행복의 근원'이라는 말도 있지 않나!

요즘 남을 돕는 사람들이 갈수록 줄어드는 가장 큰 이유는 도움을 구하는 사람의 태도와 교류방식에 도움을 베푸는 사람이 즐거움을 느끼지 못하는 데 있다. 그런데 도움을 얻지 못하는 원인을 '인정 없고 야박한' 남 탓으로 돌리고, 이런 관계를 이어가는 것은 그야말로 시간 낭비이며, 하등 '쓸모없다'라고 정의하는 것이다.

개인적으로 이런 사람은 계속해서 '인간관계 무용론'을 믿었으면 하는 바람이다. 나는 추호도 이런 사람들의 인맥이 되고 싶지는 않기 때문이다. 나는 멀쩡히 살아 있는 사람이고, 내게는 감정이 있다. 차가운 도구처럼 그들 마음대로 이용당할 수 없다는 얘기다.

또한 누군가가 나와 친구 되길 원하느냐 혹은 원치 않느냐는 여러 요소가 복합적으로 고려된 결과이지, 온전히 한 사람의 가치만으로 결정되는 것이 아니다.

'능력이 인간관계를 결정한다'고 주장하는 이는 한 번도 그런 능력을 가져본 적 없는 사람임이 분명하다. 그렇지 않다면 '정상에 선 사람은 외로운 법'임을 모를 리 없을 테니 말이다. 한 사람의 개인적인 소양이 그가 가진 능력을 따라가지 못한다면, 그의 지나친 자신감은 그의 인간관계를 더욱 악화시키는 요소가 될 뿐이다.

사실 '거물'들은 우리를 돕길 원한다. 단, 우리가 상대를 난처하게 만들지 않고, 스스로 정확한 기회를 포착해 우리의 감성지능을 십분 활용해야 한다는 전제하에서다.

재작년에 변방의 빈곤 지역으로 교육 지원을 나갔을 때, 웨이보(微博, 중국의 소셜 네트워크 서비스)를 살펴보다 우연히 '시골 교사들의 대변인: 마윈'이라는 ID를 발견한 적이 있다.

마윈(馬雲)이 언제 시골 교사들의 대변인이 됐나 싶어 호기심이 생긴 나는 그 계정의 웨이보에 들어가 보았다. 알고 보니 마윈은 산시, 간쑤, 닝샤, 윈난, 구이저우, 쓰촨 지역 시골 교사들을 지원하는 프로젝트를 진행 중이었다. 웨이보에는 100명의 우수교사를 선정해 그에 상응하는 경제적 지원을 해준다는 내용이 담겨 있었다.

나는 교육 지원을 나온 지도자와 선생님들에게 이 소식을 알렸지만, 안타깝게도 인터넷과 별로 친하지 않던 선생님들은 뭘 어떻게 해야 할지를 몰랐다(중국 외곽의 시골 지역은 인터넷 환경이 구축되지 않은 곳이 많다).

순간 나는 원래 도시 출신이었으나 남편을 따라 산간 지역에 들어온 후 20여 년간 시골 교사로 일하고 있는 리 선생님이 떠올랐다. 그녀는 동네 사람들이 공인하는 참교육자로, 학교와 학생들을 위해 헌신적으로 노력하기로 유명했기 때문이다.

나는 서둘러 리 선생님을 도와 필요한 서류를 작성하고, 마윈에게 현지의 상황을 소개하는 영문 편지도 한 통 썼다. 그런 다음 쿤밍신문사에 다니는 친구를 통해 마윈 재단에 서류를 접수했다.

그 후로 얼마 후, 리 선생님은 우수교사에 선정되었다. 리 선생님이 마윈을 만났을 때 마윈은 그녀에게 이렇게 말했다고 한다.

"당신의 영문 편지가 정말 인상적이더군요."

전후 사정을 모르는 이들은 종종 내게 물었다.

"마윈이랑은 어떻게 아는 사이에요? 어떻게 그의 마음을 움직인 거죠?"

정말이지 웃지 못할 일이다.

마윈뿐만 아니라 징둥닷컴(京東商城)의 CEO 류창둥(劉强東)도 최근 명함의 직함이 '촌장'으로 바뀌었다. 핑스터우(平石頭)촌의 명예

촌장이 되어 5년 안에 마을의 가구당 평균소득을 10배로 높이겠다는 작은 목표를 세운 것이다. 그것도 기부가 아닌 산업을 통해서 말이다.

이렇듯 모든 도움이 분명한 원칙 아래 이익과 이익의 교환이라는 개념만으로 이루어지는 것은 아니다. 칸트의 '정언 명령(Categorical Imperative, 행위의 결과에 구애됨이 없이 행위 자체가 선(善)이기에 무조건 수행이 요구되는 도덕적 명령)'이라는 관점에서 보면 다른 사람에게 우리가 할 수 있는 만큼의 도움을 주는 것이 타인에 대한 우리의 책임이기도 하다. 이는 감정적으로 호소한다고 되는 일회성 행동이 아니라 하나의 심리적 공동체를 구축하기 위한 필연적인 행동이다. 그리고 이렇게 형성된 잠재적 공동체 연합은 구성원들이 잠재적인 위험에 대항할 수 있도록 힘을 실어준다.

마윈이 '시골 교사'라는 역할에 열중하는 이유는 그가 이미 여러 연설에서도 밝혔듯 선생님으로서 보낸 시간이 그에겐 가장 즐거운 시간이었기 때문이며, 류창둥이 빈민구제에 힘쓰는 이유는 그의 어릴 적 꿈이 촌장이 되는 것이었기 때문이다.

요컨대 마윈과 류창둥의 자발적인 선행은 단순히 개인의 기쁨만을 위한 행동이 아니라 지난 경험을 바탕으로 자신에게 안정감을 줄 무리 속으로 섞여 들어가기 위한 시도라고 볼 수 있다.

그러나 안타깝게도 현대인들은 인간관계 중 인맥의 '필요성'에만 골몰한 나머지 지나치게 노골적이고 직접적인 방법으로 도움 요청을 받는 사람들에게 오려 위협적인 느낌을 안겨준다.

그런 의미에서 지앙 선배는 도움을 청하는 데 고수다. 그는 우리 바닥에서 황금 인맥을 가진 사람으로 통하는데, 한번은 그런 그가 내게 전화를 걸어와 몇 마디 인사치레하더니 이내 용건을 밝히며 말했다.

"후배님, 실은 내가 꼭 좀 부탁하고 싶은 일이 있어!"

솔직히 나는 이 말을 듣고 내심 긴장했다. 내가 대학교를 졸업할 때 자신의 회사에 자리를 알아봐주고, 상사에게 따로 추천까지 해준 그였기 때문이다. 결과적으로 취업 대신 대학원 진학을 선택하긴 했지만, 마음 한구석에는 그에 대한 부채감이 있었다. 게다가 선배가 내게 도움을 청한다는 건 분명 중요한 일이라는 의미이기도 했다. 나는 아주 잠깐 망설였지만 이내 마음을 가다듬고 말했다.

"네, 말씀하세요!"

"우리 누나 아들이 올해 대학원 시험을 치는데 너희 지도교수님 밑으로 들어가길 원하나 보더라고. 일차 시험을 통과하긴 했는데, 성적이 썩 잘 나온 건 아닌 모양이야……."

대충 이야기를 들어보니 나는 선배가 무슨 부탁을 하려는 건지 알 것 같았다. 인기 교수를 지도교수로 모시고 있는 나를 이용해 연락처를 알아보려는 것이거나 교수님에게 조카 얘기를 잘 좀 해달라는 거겠지 싶었다.

실제로 내게 그런 부탁을 하는 사람이 한둘이 아니었는데, 그럴 때마다 나는 난처하기 짝이 없었다. 교수님은 연줄 대기라면 질색을 하는 분이기도 했거니와 공정성을 위해 2차 시험 전에는 절대 학생을 만나지 않는다는 원칙을 가진 분이었기 때문이다.

결국 나는 좀 거북하긴 하지만 선배에게 이런 상황을 설명하고 정중하게 부탁을 거절하는 시나리오를 짰다. 그런데 웬걸, 선배가 꺼낸 말은 나의 시나리오를 보기 좋게 비껴갔다.

"녀석이 정말 합격하고 싶은지 ○○학원에 등록해 이차 시험 준비를 하겠다는데 그 학원이 정말 괜찮은지 어떤지 알아야 말이지. 네 생각엔 그 학원 어때? 혹시 다른 데 추천해줄 만한 곳 있어?"

이에 나는 망설임 없이 입시학원의 장단점을 분석해주었다. 그저 조언을 구하는 부탁에 답을 해주는 것이 뭐 그리 어렵겠는가!

그런데 그렇게 한창 얘기를 하다 보니 내게 도움의 손길을 내밀었던 선배의 옛정이 떠올라 어느새 지도교수님의 연구 방향과 전문 지식까지 대방출하고 있는 나를 발견할 수 있었다. 순간 내가 너무 많은 정보를 주고 있나 싶기도 했지만, 내 머릿속에서는 이미 '기왕 시작한 거 끝까지 책임지자'라는 생각이 앞서 있었다.

과연 괜히 황금 인맥을 자랑하는 지앙 선배가 아니었다. 내가 그에게 빚진 인정이 있었기에 그는 얼마든지 이를 빌미로 내게 무리한 부탁을 할 수 있었지만 그러지 않았다. 단순히 조언을 구하는 정도라면 내가 자신의 부탁을 거절하지 않을 테고, 그러면 우리의 관계가 어색해질 일도 없을 거라는 사실을 선배는 분명히 알고 있었다.

심리학자 엘리엇 소버(Elliott Sober)와 데이비드 윌슨(David S. Wilson)은 인간이 이타적인 행동을 하는 데 자기격려 효과가 작용한다며, 자기격려 효과의 존재가 이타적 행동자의 적응력을 높여준다고 말한다.

진화생물학자이자 작가인 리처드 도킨스(Richard Dawkins)도 이타적 행동으로 집단 내에서 자신의 우위를 충분히 드러낼 수 있을 때, 인간의 이타적 행동은 한층 강화된다고 보았다.

다시 말해서 내가 지앙 선배에게 대학원 시험에 관한 조언을 해줄 때, 졸업 후 5년간 내가 지도교수님과 전공에 대해 이해한 바를 총정리하다시피 한 데는 이유가 있다는 뜻이다. 바로 지앙 선배가 내게 나는 더 이상 대학을 졸업할 때 선배가 일자리를 알아봐주던 그 코흘리개 후배가 아니라 제 한몫을 톡톡히 해내는 전문가라는 암시를 끊임없이 주었기 때문이다.

03 _____

나는 종종 다른 공식계정이나 혹은 개인에게서 내 글을 퍼 가도 되겠느냐는 문의를 받는다. 웬만하면 성의껏 답신을 보내지만, 아예 무시하는 때도 없지 않다. 아마도 그들은 내가 왜 무시했는지 모를 테지만, 그들이 보내는 메시지는 항상 이런 식이다.

'안녕하세요. 제 공식계정(또는 SNS)으로 글을 퍼 가도 될까요?'

미니강의에서도 이 이야기를 꺼낸 적이 있는데, 학생 대부분은 이 메시지에 무슨 문제가 있는지 알아차리지 못했다.

어떤 학생은 비용 문제를 언급하지 않은 것이 문제냐고 했고, 또 어떤 학생은 정중함이 덜해서 문제가 된 것이냐고 묻기도 했다. 물론 둘 다 아니었다. 애초에 글을 퍼 가겠다는 사람에게 돈을 받은 적도, 받을 생각을 한 적도 없으며 내가 상대에게 대단한 예의를 바랄 만큼 엄청난 사람도 아니기 때문이다. 팔로워 수가 작은 계정에서 글을 퍼 가는 것이 싫어서가 아니냐고 묻는 학생도 있었는데, 이 또한 아니었다. 나는 누구에게든 내 글을 퍼주고 싶은 사람이니 말이다.

그렇다면 위 메시지의 문제는 무엇일까? 한 에디터가 보낸 퍼 가기 요청 메시지와 비교해보자.

'소드마스터 야옹님, 안녕하세요. 저는 ○○ 공식계정의 운영자 ○○이라고 합니다. 다름이 아니라 선생님의 ○○○○ 글을 저희 플랫폼으로 펌하고 싶어 이렇게 연락드립니다. 저희 플랫폼은 ○○ 팔로워를 거느리고 있으며, ○○○ 글로 유명합니다. 퍼 가기를 허락해주신다면 규정에 따라 출처를 명확히 밝힐 예정이며, 상업적 용도로는 절대 사용하지 않을 것을 약속드립니다. 참고로 저희 공식계정 ID는 ○○○○입니다.'

이제 다들 눈치챘겠지만 내가 전자의 메시지를 무시한 이유는 그들이 제공한 정보가 간단해도 너무 간단했기 때문이다. 이 경우 내가 일일이 궁금한 점들을 물어봐야 하는데, 그러기엔 너무 많은 시간을 할애해야 한다는 문제가 있다. 게다가 퍼 가기 요청 메시지 하나도 이렇게 허술하게 보내는 사람이 내 글을 남용하지 않으리란 보장도 없지 않은가.

독자들이 보내는 장황한 메시지도 도움을 주기가 어렵기는 마찬가지다. 그들은 장황하게 늘어놓은 이야기 끝에 항상 이런 질문을 한다.

'선생님, 저는 대체 어떻게 하면 좋을까요?'

'선생님, 이혼을 하는 게 맞는 걸까요?'

'선생님, 당장 직장을 그만두는 게 나을까요?'

심리학 연구 결과로도 밝혀진 바이지만, 인터넷상에서 도움을 요청할 때 책임을 전가하는 듯한 말투를 사용하면 상대가 도움을 줄 가능성이 작아진다.

그래서 말인데 위와 같은 메시지를 보내는 독자들에게 나는 이 말을 해주고 싶다. 나는 당신들을 대신해 결정을 내려줄 수 없다고 말이다. 왜냐? 첫째, 구체적인 상황이 어떤지 알지도 못하는 상황에서 독자가 가공했을지도 모를 말만 믿고 쉽게 조언하기에는 그 후폭풍을 감당할 수 없을뿐더러 둘째, 함부로 다른 사람의 인생에 끼어드는 것은 그들의 자아 성장을 방해하는 일이기도 하기 때문이다.

나는 내게 선택지를 제공하는 독자가 좋다. 독자 스스로 선택지를 만들었다는 것은 이미 충분히 생각했다는 뜻이요, 자기 생각에 책임질 자세가 되어 있다는 뜻이기 때문이다. 나는 이렇게 스스로 책임질 줄 아는 태도가 좋다.

04 _____

나는 어떤 사람들처럼 인맥을 위해 일부러 친구를 사귄다거나 '유용한 관계'를 위해 친구를 버리는 일은 하고 싶지 않다. 위선이라는 가면을 쓰고, 가식적인 미소로 자아에 상처를 입히면서 얻은 인맥으로 자신이 원하는 것을 이루겠다는 생각만큼 바보 같은 생각은 없기 때문이다.

애초에 그런 생각으로는 자신의 목적을 달성할 수 없다. 모든 이에게 친절한 사람은 결국 그 누구의 마음속에서도 비중 있는 존재가 될 수 없다는 뜻이다. 도리에 맞는 행동을 하는 사람이 많은 도움을 받는다는 말은, 내가 다른 사람을 염두에 두어야 그들도 자연스레 나를 돕는다는 말이다. 그러니 유용한 인맥을 얻고 싶다면 다음의 '숨은 규칙'을 기억하자.

1. 상대와의 심리적인 거리를 좁히고 싶을 때 사람들은 선뜻 도움의 손을 내민다. 기고만장한 태도로 상대의 도덕성을 운운하며 거의 협박하는 식으로 도움을 청해봐야 없는 정도 떨어지게 할 뿐이다.

2. 도움을 청할 때는 상대방의 입장을 고려해야 한다. 상대에게도 부탁을 거절할 권리가 있으니 안전하고 편안한 소통환경을 만들자.

3. 도움을 청할 때는 상대의 시간을 허비해서는 안 된다. 사소한 일이라면 차라리 돈을 들여 해결할지언정 친구의 시간을 빼앗지 말자.

4. 인간관계에서 일방적인 헌신을 강요당하는 걸 좋아하는 사람

은 없다. 물론 대단한 사람과 인맥을 맺고 싶다고 해서 반드시 내가 대단한 사람이어야 하는 건 아니다. 그러니 당신이 인맥을 맺고 싶어 하는 그 대단한 사람에게 당신이 가진 잠재력을 드러내, 당신을 돕는 일이 자신을 더 대단한 사람으로 만드는 일이라는 확신을 갖게 하자.

인간관계에서 생기는 절반의 문제와 고민은 남들에게 너무 많은 것을 요구하고, 남들에 대한 배려가 터무니없이 부족하며, 남들의 질문에는 너무 빨리 대답하면서, 남들을 거절하는 일에는 너무 굼뜬 데서 비롯된다.

당신의 잘못된 논리로
나를 협박하지 말라

01

홍푸 씨는 부모님이 이혼한 후 어머니와 함께 살았다. 이후 그녀의 어머니와 의붓아버지 사이에서 여동생이 태어났고 의붓아버지는 노골적으로 여동생을 편애했다. 여동생에게는 무조건 '오냐오냐'였지만 홍푸 씨에게는 안 되는 것투성이였다. 심지어 그녀의 의붓아버지는 자매를 경쟁 구도로 몰아넣기 일쑤였는데, 물론 경쟁의 결과에 상관없이 의붓아버지는 여동생의 손을 들어주었다.

이런 가정환경에서 자라다 보니 그녀는 점점 마음의 문을 걸어 잠그고 다른 사람과의 대화를 피하게 되었다. 그러나 그녀의 의붓아버지는 그녀를 자랑거리로 내세우길 좋아했다. 한번은 그의 친구들 앞에서 자신을 '아빠'라고 불러보라며 한 번 부를 때마다 10위안을 주겠다고 했다. 하지만 홍푸 씨는 끝내 그를 아빠라 부르지 않았다. 이 일로 제대로 체면을 구긴 그녀의 의붓아버지는 그날 저녁 그녀에게 손찌검했고, 그것도 모자라 며칠 동안 밥을 굶기다시피 했다.

여동생도 틈만 나면 그녀를 비웃었다. 부모에게 여동생은 말 잘 듣는 착한 딸이었지만 훙푸 씨는 뚱한 반항아였다.

의붓아버지가 세상을 떠난 후, 그의 모든 재산은 여동생에게 돌아 갔다. 물론 여동생은 훙푸 씨와 재산을 나눠가질 생각이 전혀 없었 고 결국 그녀는 아르바이트로 자신의 생계를 돌봐야 했다. 자매라고 는 하지만 더 이상 우애라고 할 것도 없는 사이었다.

고등학교 졸업 후 훙푸 씨는 국가장학금을 지원받아 사범대에 입 학했다. 성적이 우수해 추천으로 대학원까지 진학했고, 졸업 후에는 거점 중등학교의 선생님이 되었다.

한편 여동생은 한 번의 결혼 실패로 전남편에게 많은 재산을 편취 당하고도 옛 버릇을 버리지 못한 채 여전히 흥청망청 사치스러운 생 활을 이어갔다.

최근 훙푸 씨는 여동생에게 전화를 받았다. 휘귀 가게를 차릴 생 각인데 돈이 필요하다며 10만 위안을 빌려달라는 것이었다. 하지만 그녀에게 재산이라고는 학교에서 받은 정착 수당이 전부였고, 당연 히 그녀는 여동생의 부탁을 거절했다. 그러자 여동생은 울며불며 신 세 한탄을 하기 시작했다.

"나, 전남편에게 완전히 사기당했어! 그런데 지금 남편은 마마보 이라 돈 한 푼 내놓으려 하지를 않아. 이러다가는 집을 저당 잡아야 할 판이야."

여동생은 훙푸 씨의 거절에 '비장의 카드'를 꺼내 들었다.

"나도 더 이상 의지할 곳이 없어서 언니에게 부탁하는 거야. 생각해봐. 언니가 어려움에 빠졌다면 가장 믿을 만한 사람이 누구겠어? 가족 아니야?"

그 순간 홍푸 씨에게 공포와 죄책감이 밀려왔다. 뒤이어 여동생은 시종일관 거만하던 말투를 버리고 세상 부드러운 목소리로 대신 언니를 설득해달라며 어머니에게 전화기를 넘겼다. 어머니는 홍푸 씨를 걱정하고 배려하는 말들을 잔뜩 늘어놓더니 이내 말머리를 돌려 자신의 건강 상태가 갈수록 나빠지고 있다며 여동생이 난관을 극복할 수 있도록 네가 도와줬으면 좋겠다고 말했다.

여동생의 이 수법은 홍푸 씨의 아킬레스건을 정확하게 건드렸다. 그동안 홀로 꿋꿋하게 살아오기는 했지만, 몹쓸 의붓아버지가 세상을 떠난 후 내심 언젠가는 자신의 어머니 그리고 여동생과 함께할 수 있길 바라던 그녀였기 때문이다. 그녀는 설 같은 명절이 돌아올 때마다 남몰래 눈물을 훔쳤다. 심지어 제대로 된 연애도 하지 못했다. 자신은 인간관계에 대한 거부감과 경계심이 가득한 사람이라고 생각해서였다.

'여동생에게 돈을 빌려주면 내게도 다시 가족이 생기는 거야!'

그렇게 홍푸 씨는 여동생에게 돈을 빌려줬다. 하지만 애석하게도 그녀는 이번에도 역시 그토록 원하던 가족의 사랑을 얻지 못했다. 여동생이 돈을 빌려 간 이유가 훠궈 가게를 열기 위해서가 아니라 그녀의 사치생활을 이어가기 위해서였다는 사실도 뒤늦게 전해 들었다.

"선생님, 저는 어떻게 해야 할까요?"

모니터를 통해서도 나는 그녀의 슬픔을 느낄 수 있었다.

어떻게 해야 할까? 사실 답은 아주 간단했다. 법이라는 무기를 활용해 빌려준 돈을 돌려받으면 그만이니 말이다. 다만 그 전에 홍푸 씨에게 알려주고 싶은 사실이 있다.

"바보 같은 아가씨, 당신이 속은 겁니다!"

혈육으로 얽힌 관계, 특히 가족관계는 돈으로 메울 수 없다. 그녀의 여동생과 어머니가 약속한 '따뜻한 가정'은 신기루에 불과하다는 얘기다.

이 세상에 정형화된 행복이란 없다. 그러니 지나간 일은 애써 붙잡으려 하지 말고 그냥 지나간 대로 두어라. 그래봐야 남는 것은 공허함뿐일 테니 말이다.

이 세상엔 훨씬 다양한 방식의 사랑이 존재하는데, 특정 방식에 지나치게 집착하다 보면 지옥의 나락으로 떨어지게 되어 있다.

02

사실 홍푸 씨는 가족들로부터 일종의 폭력을 당했다. 이러한 폭력은 그 어떤 모욕적인 말이나 정신적 폭력보다도 피해자에게 큰 상처를 남기는데, 우리는 이를 '정서적 협박'이라고 한다.

미국의 심리학자 수잔 포워드(Susan Forward)는 저서 《그들은 협박이라 말하지 않는다》에서 '폭력의 가해자들은, 네가 진정으로 나를 사랑한다면, 하는 말을 입버릇처럼 달고 산다'고 말했다.

이 세상엔 훨씬 다양한 방식의
사랑이 존재하는데, 특정 방식에
지나치게 집착하다 보면
지옥의 나락으로 떨어지게 되어 있다.

실제로 정서적 협박을 가하는 사람은 '대가'와 '책임' 사이에 새로운 선을 긋는다. 구체적으로 얘기하자면 '나는 어떠한 대가도 치를 필요가 없지만 너는 엄청난 책임을 져야 해'라고 규정하는 것이다. 그들은 상대의 기분이 어떻든 반드시 자신의 요구에 따라야 한다고 말하며, 무례한 부탁도 두말없이 들어주기를 바란다. '자의', '진심', '희생', '보살핌'이 사라지고 '책임', '의무', '규칙 준수'만 남는 관계를 요구하는 것이다.

이렇게 불평등한 관계 조약은 너는 나에게 영원한 관심을 쏟아야 하지만, 나는 너에게 그만한 정서적 대가를 되돌려줄 필요가 없다는 잘못된 가설을 기반으로 한다. 물론 이렇게 뒤틀린 관계에는 사랑이 없다. '충견'과 '주인'이 있을 뿐이다.

폭력의 가해자는 어떻게든 상대에게 자신의 이상한 논리를 주입하려 한다. 분명 자기가 자신에게 해가 되는 행동을 하고 있음에도 상대가 자신의 요구를 들어주지 않으면 자신의 모든 상처가 상대에게서 비롯되었다고 몰아가는 식이다.

양심과 도덕성을 가진 사람이라면 일반적으로 자기 행동이 남에게 피해가 되는 것을 쉽게 용납하지 못하는데, 정서적 협박자들은 이러한 '죄책감'을 십분 이용한다. 문제는 이런 죄책감이 자신에 대한 정직한 자기평가 기제를 뒤흔들어 급기야 피해자로 하여금 정서적 협박자가 자초한 고통에 내가 책임을 져야 마땅하다는 착각을 하게 한다는 사실이다.

이런 피해자들을 위해 내가 해주고 싶은 말은 하나다. 생각을 분명히 밝힐 필요가 있다는 것이다. 왜냐?

첫째, 사람이 마음만 먹으면 만들지 못할 구실은 없기 때문이다.

진정으로 나를 사랑하고, 또 내가 소중히 여길 만한 가치가 있는 사람은 나의 행동이 정말 그에게 해가 되더라도 그런 식으로 나를 협박하지 않을 것이다.

둘째, 내가 그를 도와주는 것이야말로 정말 죄책감을 느낄 일이기 때문이다.

홍푸 씨의 여동생이 곤경에 처한 이유는 자신에게 그럴 능력이 없음에도 사치스러운 생활 습관을 버리지 않고 여전히 무절제한 소비를 이어간 데 있다. 그런데 이때 그녀에게 돈을 빌려준다면 그녀에게서 현실을 파악할 기회를 앗아 가는 셈이다. 물론 빌려준 돈은 떼인 것이나 진배없다. 그리고 막말로 자기 잘못이면 또 어떠한가? 그녀가 나에게 상처를 주었을 때, 그녀는 자기 잘못을 만회하겠다는 생각을 해보기라도 했던가?

03

그 밖에도 정서적 협박에는 뚜렷한 특징이 있다. 바로 끝이 없다는 것이다. 달리 말하면 우리가 아무리 많은 대가를 치러도 우리는 영원히 그들의 결핍을 메워줄 수 없다는 뜻이다.

홍푸 씨의 사례처럼 정서적 협박은 주로 가정에서, 부모와 자식 간에 벌어진다. 부모가 우리를 낳고 키워주었다는 이유만으로 자식은 부모에게 영원한 빚을 진 셈이기에 자식은 부모의 의견에 마땅히 타협해야 한다는 암묵적인 룰을 쉽게 만들 수 있기 때문이다.

그러나 그저 생명을 주었다는 것을 구실 삼아 자식에 대한 자신의 모든 요구를 정당화하는 부모는 자식의 나이가 몇이 되었든 폭력적으로 그의 결정에 간섭하며 자식의 인생을 엉망진창으로 만든다.

이런 부모들은 심심하면 옛일을 들먹이면서도 자신들이 부모로서 잘못한 일은 골라 잊어버리는 특기를 가지고 있기도 하다.

먼 곳으로 시집을 가겠다는 딸에게 내가 널 어떻게 키웠는데, 날 버릴 수 있느냐며 자살을 운운하는 아버지, 결혼한 아들의 방 앞에서 아들 내외의 얘기를 엿들으며 내가 널 이만큼 키웠으니 뭐든 알 권리가 있다고 말하는 어머니…….

혹시 이것이 당신과 당신의 부모, 혹은 자식의 이야기는 아닌가?

그렇다면 당신이 알아야 할 사실이 있다. 자식에게 생명만 주고 자유를 주지 않는다면 그것은 자식에게 은혜를 베푸는 일이 아니라 재앙을 안기는 일이라는 것이다. 좋은 관계는 한 사람의 일방적 노력이 아니라 서로가 마음의 온기를 나눌 때 성립된다. 사랑 없이 정서적 협박만 남은 관계는 허울에 불과할 뿐이다.

진정한 고수는 외부의 목소리에
휘둘리지 않는다

01 _____

중국의 국민 메신저라 불리는 위챗의 아버지 장샤오룽(張小龍)은 신버전 위챗에 대한 자신의 한결같은 고집을 밝혔다.

"매일 오억 명의 사람들이 불만을 토로하고, 일억 명의 사람들이 제게 훈계합니다만…… 저는 익숙합니다."

사실 장샤오룽에게 교류는 교두보가 아니었다. 그는 자신의 이미지를 상대에게 각인시키는 것이 곧 소통이라고 생각했다. 그런 까닭에 그는 제품을 만들 때도 주변 사람들의 의견을 귀담아듣기는커녕 외려 못 들은 체했다.

많은 IT 기업이 어떻게든 트래픽을 현금화하기 위해 앱 시작페이지에 광고를 삽입하는 걸 생각하면 위챗은 그야말로 IT 업계의 돌연변이라고 말하는 이도 있었다. 이에 장샤오룽은 말했다.

"위챗을 서비스한 지 팔 년입니다. 사람이라고 치면 위챗은 당신의 가장 좋은 친구일 겁니다. 그러니까 당신이 위챗에 그렇게 많은 시간을 할애했겠지요. 그런데 어떻게 제가 당신의 좋은 친구 얼굴에 광고를 붙이겠습니까? 친구를 만날 때마다 광고를 보고 이를 제거해야만 친구와 얘기를 나눌 수 있다? 뭐 이런 것과 다름없지 않을까요."

위챗을 제품으로 여기는 사람은 자신 하나로 충분하니, 위챗만은 사용자를 고객으로 생각했으면 한다는 것이 그의 소신이었다.

장샤오룽의 이러한 태도는 우리에게 한 가지 교훈을 준다. 바로 어떠한 동력을 잃지 않고 유지해가려면 무의미한 소통이 이를 퇴색시키도록 놔두어서는 안 된다는 것이다.

여기 커리어 쌓기에 한창인 스물여섯의 아가씨가 있다. 그녀는 요즘 정신없이 바쁜 나날을 보내고 있지만, 자신이 지금보다 더 노력한다면 반드시 훌륭한 짝을 만날 수 있을 거라고 굳게 믿으며 핑크빛 미래를 그리고 있다. 그래서 그녀는 매일 열심히 일하고, 꾸준히 운동하며 최상의 컨디션을 유지 중이다.

그런데 그녀의 친척들과 친구들은 그녀가 자신의 운명을 가지고 장난을 치고 있다며 그녀를 못마땅하게 여긴다. 여자가 스물여섯이 되도록 모태솔로인 건 너무 끔찍하다는 것이다.

그렇게 일만 하다가는 시집을 못 갈 거라는 둥, 알량한 월급을 받아서 집도 차도 사지 못할 거 아등바등 일해봐야 헛수고라는 둥 말이 많다.

이 경우 이 아가씨의 소신이 확고하지 않다면 그녀는 닥치는 대로 소개팅 약속을 잡기 시작할 것이요, 소신이 확고하다면 마음을 가다듬어 자기 뜻대로 움직일 것이다. 물론 맹목적인 행동에는 좋은 결과가 따르기 어렵다. 다시 말해서 소신대로 행동하는 편이 개인적 성취를 이루고, 좋은 짝을 만나는 데 훨씬 도움 된다는 뜻이다.

그러나 자신이 열심히 가고 있는 길에 대한 반대의 목소리를 무시하기란 여간 어려운 일이 아니다.

문제는 열정을 한가득 품고, 얼굴이 빨갛게 상기되도록 열심인 순간 꼭 옆에서 찬물을 끼얹는 사람이 나타난다는 사실이다. 이때 어떤 이는 순식간에 얼어버리고, 또 어떤 이는 시원하게 샤워한 셈 치는 데 결국 성공하는 사람은 후자다.

02

아마 비츠(Beats)라는 헤드폰 브랜드를 모르는 사람은 없을 것이다. 어른, 아이 할 것 없이 꼭 갖고 싶은 헤드폰으로 손꼽히는 이 브랜드는 미국의 힙합 가수와 프로듀서의 손에서 탄생했다.

예전에 어떤 기자가 창립자 중 한 명을 인터뷰했다. 비즈니스 분야에서 뛰어난 성과를 낸 비결을 물었을 때 창립자는 사실 비즈니스가 경마와 다를 바 없다며 이렇게 말했다.

"경마할 때, 왜 경주마에게 차안대(遮眼帶, 경마에서 말의 눈 부위에 씌우는 기구)를 씌울까요? 말이 끊임없이 좌우를 살피게 되면 발이 꼬이기 십상이기 때문입니다. 그런데 저는 사람에게도 이 차안대가 필요하다고 생각합니다. 어떤 목표를 좇을 때 이리저리 한눈팔지 않고 일단 직진하는 것이 중요하니까요."

그의 말마따나 살면서 하는 모든 선택은 경마하듯 해야 한다. 경주로에 선 경주마처럼 다른 사람들을 신경 쓰지 않고, 초심 그대로 제 갈 길을 가야만 두려움을 떨치고, 남들에게 휘둘리지 않을 힘이 생기기 때문이다.

중국의 싱어송라이터 더우징퉁(竇靖童)에게는 원래 부모의 후광을 업고 데뷔한 스타의 2세, 반항적이고 오만한 연예인이라는 이미지가 있었다. 그녀가 베이징위성방송의 신년 콘서트 무대에 오르기 전까지는 말이다. 그날 그녀는 군용 외투에 '귀달이' 모자를 쓰고 무대에 올라 추위에 오들오들 떨면서도 자신의 노래를 멋지게 완창한 후, 관객들을 향해 고개 숙여 인사하며 더없이 천진한 미소를 보여주었다.

중국 대중음악계의 황후라 불리는 왕페이(王菲)와 중국 록의 거성 더우웨이(竇唯) 사이에서 태어난 '금수저'라는 사실이 잊힐 만큼 당시 그녀가 보여준 무대는 진지하고, 몰입감 있으며, 또 사랑스러웠다.

물론 지금도 여전히 그녀는 관객을 존중하고, 음악을 사랑하며, 자신이 좋아하는 스타일을 고수하고 있다. 사람들이 왕페이를 빼다 박은 그녀의 음색에는 서정적인 발라드가 딱 맞는다고 말해도 그녀는 한사코 자신이 부르고 싶은 노래를 한다. 어머니의 음악과는 정반대로 주로 영어 가사를 쓰고, 가볍고 산뜻한 곡을 붙이는 것이 그녀가 고수하는 음악 스타일이다.

어떤 이들은 이런 그녀를 두고 고집스러운 성격이라고 말할지도 모르겠다. 그러나 꿈을 이룬 많은 이에게는 더우징퉁과 같은 '고집'

이 있었다.

단순히 고집을 부린다기보다는 현실과 쉽게 타협하지 않았다는 말이 더 적절하겠지만 말이다.

"세상이 내게 정해준 선 밖에 나만의 평행선을 찾고 싶어요. 이 사회라는 큰 환경 속에서 살아가되 적당한 거리를 유지할 수 있도록."

이는 더우징퉁이 밝힌 자신의 인생관이다. 그녀는 남들이 자신에게 가하는 압력과 세상이 덧씌운 프레임에 타협하지 않는다. 그저 제한된 자유 속에서 자신이 좋아하는 일을 하며 멋지게, 열정적으로 삶을 살고 싶을 뿐이다. 그래서 현재 그녀는 가시덤불을 헤치고 나아가는 전사처럼 여러 압력 속에서 자신만의 세상을 열어가고 있다.

왕샤오보(王小波, 중국의 카프카로 불리는 소설가이자 수필가)는 말했다.

"절대 타협하지 않겠다는 말은 운명이 마음을 돌려 내가 받아들일 무언가를 내놓을 때까지 운명을 거부하겠다는 뜻이다."

우리가 다른 사람에게 우리의 주장을 펼 때, 상대도 자신의 주장을 제기하면 충돌이 발생하게 된다. 이때 많은 사람은 소통을 시도하지만 결국 '다른 사람의 생각을 바꾸기란 쉽지 않구나' 하는 생각과 함께 '그래도 남의 말에 쉽게 끌려가고 싶지는 않아' 하는 마음을 깨닫는다. 이런 생각과 마음가짐을 가지고 하는 소통은 해봐야 아무런 소용이 없다. 그러나 우리는 이렇게 소통의 당사자 중 누구도 상대의 마음에 깊이 파고들 수 없는 소통을 너무 많이 하고 있다.

중국 토론 배틀 프로그램의 토론자 장훙페이(藏鴻飛)는 길게 늘어뜨린 드래드록(머리카락을 여러 가닥으로 가늘게 땋아 내린 헤어스타일) 때문에 귀향할 때마다 마을 사람들에게 손가락질당했다.

"저 녀석 저 머리 꼴 좀 봐요. 회사도 안 다니고, 저렇게 살다가 조만간 큰집(감옥) 가는 거 아닌가 몰라."

그는 무려 10년 동안 이런 수군거림에 시달렸다.

그러나 장홍페이는 드래드록을 길게 늘어뜨리고, 직장에 다니지 않는 사람도 감옥에 가지 않고 큰 꿈의 무대에 오를 수 있다는 것을 증명해 보이고 싶었다.

하지만 그렇다고 자신을 잘 모르는 사람들에게 많은 시간을 할애해 일일이 설명할 수는 없는 노릇이었다. 왜 귀를 여덟 군데나 뚫었는지, 타투는 왜 했는지, 왜 담배를 피우고, 우울증에는 왜 걸렸는지, 안정적인 직장을 포기하고 꿈을 좇는 이유는 또 무엇인지 등등 이를 다 설명한다고 해도 남들이 믿어주리라는 보장도 없었다. 자신과는 다른 삶의 형태를 자신이 살아온 삶에 대한 모독이자 위협으로 받아들이는 사람은 늘 있게 마련이니 말이다.

모 기업에 출입하려 할 때, 장홍페이는 아직도 가끔 구걸하는 사람 취급을 당한다. 그러면 그는 경비원에게 농담 삼아 한술 더 떠 말한다.

"들어가서 빈 병 몇 개만 집어 갈게요."

사실 알면서도 모르는 척, 남들에게 이해받지 못하는 삶을 살아가는 데에는 대단한 용기가 필요하다. 장홍페이는 말한다.

"저는 제가 나이를 먹었을 때 가장 자랑스러운 작품으로 타협하지 않은 저의 일생을 꼽을 수 있었으면 해요."

이는 우리가 지향해야 할 점이기도 하다. 가장 빛나는 별은 언제나 홀로 빛을 내기 때문이다.

03

작가 저우궈핑(周國平)은 말했다.

"남들에게 이해받는다는 건 행운이지만, 이해받지 못한다고 해서 꼭 불행한 것은 아닙니다. 타인이 이해하는 대로만 자신의 가치를 평가하는 사람은 아무런 가치가 없을 때가 많죠."

성공은 어려움을 버텨온 시간이 켜켜이 쌓여 만들어진다. 그 때문에 벽에 부딪히는 것은 조금도 두려워할 일이 아니다. 우리가 정말로 두려워해야 하는 일은 일평생 순탄한 길만 걸어 자기 자신을 똑똑히 이해할 기회가 없는 삶이다.

나다운 내가 되기를 두려워할 때 실제로 우리가 겁내는 것은 무엇일까?

어떤 일에 전념하고 싶은데 '중요한 사람'의 지지를 얻지 못해 낙동강 오리알 신세가 된다면 당신은 어떻게 하겠는가?

사실 모든 인간은 독립적인 개체다. 그러나 어떤 이들은 자신이 독립적인 개체가 되는 것을 유난히 두려워하며 무리 속으로 섞여 들어가려 한다. 독립적인 개체 하나하나가 살아 숨 쉬지만 그렇다고 완벽하지만도 않은 그 무리 속으로 말이다.

그러나 이 넓은 세상에 나를 지지하는 사람이 많지 않다고 해서 나와 비슷한 코드를 가진 사람이 없다는 뜻은 아니다.

변하지 않는 초심이야말로 순수한 진심이다.

일본 애니메이션의 거장 미야자키 하야오(宮崎駿)는 일찍이 어머니를 여의고, 아버지가 이익에 눈이 멀어 죄를 짓는 모습을 지켜보았다. 소년 시절의 그는 줄곧 고립되어 있었다. 중년이 되어서도 사업은 신통치 않았다. 현재 80세를 넘긴 그는 여전히 혼자 살고 있다.

미야자키 하야오의 삶은 회색빛이라 할 수 있었다. 그러나 그의 모든 작품에는 동심의 색채가 가득하다. 실제로 그의 작품에는 항상 어린아이와 숲과 녹색이 등장한다. 그는 평생 어린아이와 같은 순수함을 간직하며 마음속의 어둠과 타협하지 않았다. 그리고 그런 그가 있었기에 많은 사람이 그의 작품을 통해 마음의 안식처를 얻을 수 있었다.

사람들이 절망적인 상황에 쉽게 천 길 나락으로 떨어지는 이유는 당장 뒤돌아 달아나면 다시는 어려움이 찾아오지 않을 거라는 유혹을 이겨내지 못하기 때문이다.

어쩌면 우리는 영웅의 기개도, 야망도 없는 그저 평범한 사람일지 모른다. 그러나 지금 당장 정도에 오르지 못하더라도 최소한 우리의 초심만은 세월의 풍파에 씻겨 퇴색되지 않도록 마음 한구석에 소중히 간직할 수는 있지 않을까?

멘탈이 강한 사람은 셀프 디스를 한다

01

"저는 항상 남들의 웃음거리가 되는데 어떻게 하면 좋을까요?"

요즘 학생들이 내게 많이 하는 질문인데 내가 이들에게 해주고 싶은 말은 하나다. 상대의 장단에 맞춰 '셀프 디스'를 해보라는 것이다. 당신이 난처해하는 기색을 보이지 않는다면 그들은 놀리는 재미를 잃고 다른 곳으로 주의를 돌릴 것이기 때문이다.

괜한 말이 아니라 진정으로 삶을 사랑하는 사람들은 모두 셀프 디스에 능하다.

중국의 현대 소설가이자 극작가인 라오서(老舍)는 이렇게 말하기도 했다.

"잘 웃고, 또 자신을 웃음거리로 만들 줄 아는 사람은 절대 사소한 일을 마음에 담아두지 않는다. 그저 시시덕대는 것은 유머가 아니다. 진정한 유머는 여유로운 마음과 유연한 사고에 기초해야 한다."

아마 혹자는 이렇게 물을 것이다. 셀프 디스라니, 그러면 자신을 더욱 곤욕스럽게 만드는 것이 아니냐고 말이다.

심리학 용어 중에 '실수 효과(Pratfall Effect)' 또는 '엉덩방아 효과'라는 말이 있다. 평소 실력 있고 완벽해 보이는 사람이 작은 실수를 하면 오히려 더 호감을 느끼게 되는 현상을 일컫는다.

다만 여기서 핵심은 셀프 디스할 때는 반드시 자신의 실력을 과시해야 한다는 점이다. 그렇지 않으면 정말로 안 하느니만 못한 결과가 나올 수 있다.

그러므로 '실수 효과'를 제대로 활용하기 위해서는 두 가지 기술, 즉 '유능제강(柔能制剛)법'과 '선(先)셀프 디스법'을 익힐 필요가 있다.

먼저 유능제강법은 자신의 입담을 드러내 부드러운 말로 상대방의 악의적인 농담을 맞받아침으로써 상대를 제압하는 기술이다.

한편 선셀프 디스법은 먼저 자기 자신을 깎아내림으로써 자신의 진정한 실력을 드러내는 기술이다. 자신에게 겨눠진 공격의 창을 빼앗아 스스로 자기 갑옷을 찌르고 끝내 창을 부러뜨리는 셈이랄까? 그러면 상대는 분명 간이 콩알만 해져 다시는 함부로 공격을 가하지 못할 것이다. 내가 '디스에도 끄떡없는' 사람임을 증명했으니 말이다.

02 ———

유능제강법은 셀프 디스의 고급 기술이다.

요컨대 상대가 나에게 언어공격을 가해올 때, 셀프 디스의 방식으로 이 수모를 과장되게 포장함으로써 상대가 준 수모를 우스갯소리처럼 보이게 만드는 방법이다.

언젠가 '1인 미디어 크리에이터 모임'에서 자칭 잘나간다는데 나는 이름을 들어본 적 없는 작가 하나가 괴상야릇한 말로 나를 조롱한 적이 있다.

"마스터 야옹님처럼 즈후(知乎, 지식 공유를 주제로 한 중국의 모바일 SNS) 팔로워가 수십만이 넘는 SNS 스타들에게는 그렇게 여자가 꼬인다면서요? 좋은 건 우리랑 같이 좀 나눕시다."

사람 대부분은 이런 상황이 닥치면 "그런 일 없으니 말 함부로 하지 마세요!" 하며 단호히 부인하는 쪽을 선택할 것이다.

너무 돌직구였다면 미안하지만, 사실이 그런 걸 어쩌겠는가. 그러나 문제는 위와 같이 반응했을 때, 그 자리에 있는 모든 사람이 이를 정곡을 찔려 급하게 얼버무리는 말로 받아들일 것이라는 사실이다. 이럴 때는 셀프 디스를 하는 게 딱이다.

"사실 당신이 생각하는 만큼은 아니에요. 내가 글 한 편을 올리면 팔로워가 삼천 명 정도 느는데, 그중에서 나와 만난 여성 팔로워는 뭐 일천여 명 정도?"

이런 식의 셀프 디스 기술을 사용하면 상대의 악의적인 공격을 농담으로 바꿔버릴 수 있다. 이런 농담은 우리에게 아무런 상처도 남기지 않으며, 오히려 우리를 유머러스한 사람으로 만들어준다. 상대의 공격을 가뿐하게 차단할 수 있음은 물론이다. 다시 말을 꺼내봤자 돌로 제 발등을 찍는 꼴밖에 되지 않을 테니 말이다.

중국의 톱스타 양미(楊冪)는 종종 "발 냄새가 난다", "연기력이 떨어진다" 하는 등의 디스를 당한다. 사실 굉장히 모욕적인 성격이 강한 말들이지만 양미는 이에 개의치 않고 오히려 쿨하게 발 냄새로 셀프 디스를 한다. 심지어 그녀는 이 농담을 하는 데 꽂혔는지 영화 〈이별 전문가〉 속에서도 관련 애드리브를 치며 남다른 멘탈을 보여주었다.

03

선셀프 디스법은 셀프 디스의 최고급 기술이다.

미국의 사회심리학자 데이비드 마이어스(David Myers)는 자신의 저서 《사회심리학》에 이렇게 서술했다.

'인간이 대외적으로 드러내는 자아와 그들의 자기감정은 다르다. 그 단적인 예는 가식적인 오만이 아니라 가식적인 겸손이다.'

이러한 자기비하는 아주 교묘한 이기(利己)의 일종이다. 우리의 마음을 다독이는 진정제와 매우 유사한 작용을 하기 때문이다.

예컨대 한번은 친구가 모임에서 내게 이런 말을 했다.

"심리학을 배우는 사람들은 모두 마음에 병이 있는 사람들이라고 하던데?"

친구는 말을 마치자마자 자신이 실언했다고 생각했지만, 어떻게 하면 그 어색함을 무마할 수 있을지 몰라 자기 말을 마음에 담아두지 말라는 한마디를 덧붙였다.

"맞아. 심리학을 공부하는 사람들은 다른 사람의 마음에 지나치게 관심을 쏟으면서 정작 자신의 감정은 소홀히 하는데, 따지고 보면 이것도 일종의 병이지."

이때 나는 친구의 말을 유머로 받아 그에게 퇴로를 만들어주고, 나를 유머러스한 사람으로 보이게 만들었다.

또 한번은 학교에서 강연하는데 한 학생이 나한테 이렇게 도발했다.

"선생님, 오늘 강연이 너무나 '쓰레기' 같았다고 생각하지 않으십니까?"

선생의 입장에서는 매우 불공평한 상황이었다. 학생의 도발을 외면한다면 물썽해 만만한 사람이 될 테고, 반격을 가한다면 너그럽지 못한 '좀생이' 소리를 들을 것이 빤하기 때문이다. 그래서 나는 '셀프 디스법'을 사용했다.

"쓰레기 같기는 했지. 다른 선생님들은 말할 가치도 없다고 생각하는 내용을 다뤄서 기존의 관점을 완전히 뒤집어놓고 말이야. 그런데 학생, 내가 오늘 '열심히 공부해라', '꾸준한 발전이 정말 중요하다' 등등의 빤한 말들을 했다면 과연 여기 앉아서 내 강연을 듣고 싶었을까?"

셀프 디스는 높은 EQ가 필요한 기술이다. 사람은 도덕적인 고지를 지키려 할수록 타인에게 비치는 자신의 이미지에 신경을 쓰게 되고, 그럴수록 허점이 많은 사람으로 인식되어 수동적으로 당하는 상황에 놓인다.

이럴 때는 자신을 낮춰 상대방이 우리에게 씌운 올가미에서 스스로 벗어나는 것이 무엇보다 중요하다.

《삼체》(SF의 노벨상이라 일컬어지는 '휴고상' 수상작) 속 등장인물 관이판은 청신에게 어떻게 하면 강력한 적과의 공멸을 피할 수 있는지 아느냐고 물으며 말한다.

"잘 모르겠죠? 그럴 줄 알았어요. 당신은 너무 착하니까. 방법은 간단해요. 공격자가 먼저 자신을 저차원 생명으로 개조하면 되거든요. 예를 들면 사차원 생명을 삼차원 생명으로, 혹은 삼차원을 이차원으로 바꾸는 거죠. 그렇게 온 문명이 저차원이 되면 적에게 공격을 가하는 거예요, 서슴없이."

쉽게 말해서 자신을 높이면 사사건건 제약을 받지만, 자신을 조금만 낮추면 아무 거리낌 없이 공격을 퍼부어도 괜찮다는 뜻이다.

타고르도 자신의 시집 《원정》에서 말했다.

'내가 나의 고통을 가볍고 우스꽝스럽게 말하는 이유는 당신이 그렇게 할까 봐 두렵기 때문입니다. 내가 나의 고통을 함부로 대해야 당신이 나의 약점을 발견하지 못할 테니까요.'

타고르는 일찍이 해학과 익살이야말로 삶을 대하는 가장 안전한 방법이며, 유머는 상처로부터 자신을 분리할 가장 확실하고 안전한 보호색임을 깨달았다.

김용의 무협소설 《천룡팔부》에서 그 실력을 가늠할 수 없을 만큼 뛰어난 무공을 지닌 소지승 역시 자신을 '일개 노승'이라고 칭했다.

진정한 고수는 "보잘것없는 능력에 이렇다 할 배포도 없다"고 말하면서도 자신감 있는 미소를 잃지 않아 결국 다른 사람들도 그의 진가를 알아보게 된다.

　자기 잘났다고 목에 힘을 주는 사람이 많은 이 세상에서 진정한 강자는 셀프 디스를 할 줄 아는 인물이다.

인간이 대외적으로 드러내는 자아와
그들의 자기감정은 다르다.
그 단적인 예는 가식적인 오만이 아니라
가식적인 겸손이다.

감정을 조절하는 사람
조절하지 못하는 사람

PART
02

감성지능이 높은 사람은
제대로 말할 줄 안다

감성지능이 높은 사람은
어떻게 잘 말하는가?

01 _____

같은 말로 운명을 바꾸는 사람이 있다면 믿겠는가?

대학원 입시 커트라인이 나오자마자 나의 메일함은 2지망 지원자의 메일로 가득 찬다. 지도교수님의 여러 주요 논문에서 교신저자(CA)를 담당했던 터라 연락처에 내 메일주소가 게재되어 있기 때문이다. 연락처를 남기는 주목적은 논문과 관련한 질문을 받고 문제점이 발견되었을 때 이를 조치할 수 있도록 하기 위함이지만, 대학원 입시 기간이면 어김없이 학생들의 '문의처'로 활용된다.

사실 우리 지도교수님의 연구 프로젝트는 항상 인기가 많아서 어느 해인가는 경쟁률이 40대 1에 달하기도 했다. 게다가 교수님도 일반적으로는 2지망 지원자를 받지 않는다는 주의이기 때문에 이런 메일을 받으면 나는 그냥 교수님의 메일 주소를 알려준다. 지도교수님이 관련 메일을 확인할 만큼 한가하지 않다는 것은 잘 알지만 말이다.

이런 내가 지도교수님에게 한 학생의 지원 메일을 전달한 적이 있는데, 신기하게도 지도교수님은 그 학생을 최종 합격시켰다. 과연 왜일까?

80%의 수험생들이 보내는 메일은 이런 식이다.

'안녕하세요? 저는 ○○○을 졸업한 아무개라고 합니다. 원래는 ○○○에 지원했지만, 점수가 부족할 것 같아 교수님이 계신 학과로 지원 변경을 하고 싶은데, 자리가 있을까요? 제 성적은 ○○○입니다.'

딱 봐도 단체 메일 같은 느낌의 메일이다. 이는 '훈녀'에게 고백을 했다가 차이고, 이내 눈을 낮춰 '흔녀'에게 구애를 하는 것이나 마찬가지다. 그러나 이 경우 남자의 조건이 아무리 훌륭하다 하더라도 그의 구애를 받아줄 여성은 흔치 않다. 자존감이 조금이라도 있는 여성이라면 자신이 소위 '훈녀'보다 못하다는 생각은 하지 않을 것이기 때문이다.

2지망 지원을 할 때도 마찬가지다. 자신이 차선의 선택을 하는 이유가 무엇인지 분명히 밝혀야 할 필요가 있다. 단지 1지망 학교보다 합격 커트라인이 낮아서라면 미안하지만 우리 역시 당신을 받아줄 수가 없다. 우리에게도 우리가 1지망인 학생들이 있으니까 말이다.

그러나 메이 학생은 자신의 기본적인 정보를 밝힌 후 이렇게 메일을 썼다.

'인터넷을 통해 귀 연구팀의 소개 글을 접했습니다. 교수님께서 유머러스하고 학식이 풍부한 분으로 유명하시더군요. 교수님처럼 높은 평판을 지닌 분 밑에서 성장하고 싶다는 생각을 했습니다. 물론 심리학을 공부하고 싶다는 꿈도 포기하고 싶지 않았고요. 그래서 이렇게 귀교로 지원 변경 문의를 드립니다.'

그러고는 지도교수님의 연구 내용을 나열하고, 교수님의 저서를 읽었다는 것을 증명하듯 한 구절을 인용했다. 그 구절은 지도교수님이 강연 때 입버릇처럼 하던 말이기도 했다.

그녀의 메일이 나의 눈길을 사로잡은 이유는 간단했다. 지도교수님이 진행한 연구가 어떤 대상을 포함하고 있는지, 자신이라면 어떻게 수용자의 유형을 확대할 것인지, 그리고 지도교수님의 연구와 자신의 졸업논문을 결합해 어떻게 새로운 연구 방향을 만들어낼 것인지를 명확하게 밝혔기 때문이다.

우리의 후배만큼이나 연구실의 연구 방향을 제대로 이해하고 있는 그녀에게 나는 친근감을 느꼈다.

그녀가 우리의 연구 방향을 이해하기 위해 이렇게 많은 시간과 공을 들였다면, 나도 어떤 방식으로든 그녀의 지원 메일을 지도교수님에게 전달해줘야 마땅하다는 생각이 들었다. 교수님이 2지망 지원자를 받지 않는다는 주의라고 해도 말이다.

이후 지도교수님의 생신을 축하하는 자리에서 그녀는 내게 자신을 추천해줘서 고마웠다며 다정하게 인사를 건넸다. 나는 교수님에게 슬쩍 물었다.

"왜 이례적으로 그녀를 합격시키신 거예요?"

교수님이 말했다.

"언어지능이 높아서 심리상담을 하기에 적합한 인재라고 판단했거든."

소위 감성지능이 높다는 말은 말을 잘할 줄 안다는 뜻이며, 말을 잘할 줄 안다는 것을 판단하는 가장 중요한 기준은 바로 남을 생각하는 마음에 있다.

A는 평소 자신이 친구들에게 많이 베풀기 때문에 본인의 인맥이 좋은 것이라고 말한다. 수영장이 딸린 자신의 별장으로 친구들을 초대하는가 하면, 자신의 요트에 지인들을 태우고 싼야 지역으로 휴가를 보내러 가기도 하고, 걸핏하면 수십만의 금일봉을 건넨다면서 말이다.

그러면서 그가 B에게 묻는다.

"너는 뭐 때문에 인맥이 좋은 거야?"

B는 답한다.

"뛰어난 비주얼."

순간 A는 마음의 상처를 받는다.

이는 한 네 컷 만화에 실린 내용이다. 사실 내가 보기에 별장이나 요트로 인맥을 쌓는 방법은 올바른 인간관계가 아니라 일종의 '갑질'이다.

온갖 보정 기능과 꾸미기 기능을 동원해 완성된 셀피로 SNS를 도배해놓고 비주얼로 사람을 끄는 방법 역시 올바른 인간관계가 아닌 일종의 '유혹술'이다.

돈으로 쌓은 관계는 돈이 떨어지면 무너지게 되어 있고, 화려한 비주얼로 끌어들인 인연은 화장을 지우면 사라지는 법이다. 얼굴에 세월이 내려앉는 순간, 한때 당신을 가장 사랑했던 사람은 또 다른 미모의 누군가에게 도취해 있을 것이라는 얘기다.

진짜 안정적이고 좋은 인간관계는 상대에게 정서적 가치를 제공할 때 성립된다. 그렇다면 정서적 가치란 무엇일까?

당신이 나의 친구라면 이야기를 나눌 때마다 당신 자신을 더욱 사랑할 수 있도록, 당신의 미래를 더욱 낙관할 수 있도록, 또 스트레스가 가득한 삶이 좀 더 즐거워질 수 있도록 해줄 것이다.

이것이 바로 정서적 가치다. 정서적 가치를 제공하는 가장 좋은 방법은 제대로 이야기하는 것이다. 정서가 빠진 대화는 무의미한 대화일 뿐이다. 전에도 말했지만 우리는 대화를 통해 단순한 내용이 아닌 그 이면에 반영된 정서를 나눈다.

정서적 가치가 낮은 대화는 이렇게 일문일답이 오간다.

A: 밥 먹었어?

B: 먹었지.

A: 뭐 먹었어?

B: 마라탕!

A: 누가 해줬어?

B: 우리 엄마가.

A: 친엄마?

B: 응.

A: 너 낳아주신?

B: 응.

A: 너 낳을 때 아프셨대?

B: 당연히 아프셨지!

상대의 정서적 감각을 무시한 채 '총결산식 발언'을 하기도 한다.

A: 방금 이런 말을 봤어. 게임을 하다가 접속이 끊기면 다시 연결
할 수 있고, 여자 친구가 없으면 계속 게임을 할 수 있다(어처
구니없는 표정의 이모티콘).

B: 일리 있는 말이네.

상대에게 전혀 관심을 기울이지 않고 자기 말만 하기도 한다.

A: 나 네일아트 받은 거 어때?

B: 난 동기들이랑 무슨 얘기하는 게 제일 무서워. 입만 열면 정치
인 얘기라니까!

A: 너무 마녀 같나?

B: 마녀? 누가? 정치인?

A: 야, 꺼져. 너랑 얘기하느니 시리(Siri, 애플의 음성 인식 서비스)랑

애기하는 게 더 낫겠다.

　한번은 내가 어떤 일에 불만을 토로하는 글을 SNS에 올리자 한 독자가 나를 이렇게 '위로'했다.

　'마스터님, 저는 알아요. 사실 당신의 마음은 아직 어린아이처럼 여리다는 것을요. 울고 싶으면 그냥 우세요. 그럼 기분이 조금 나아질 거예요. 감정을 억누르지 않고 발산하면 한결 홀가분해지거든요. 겉으로는 터프해 보여도 제게는 당신이 가진 남모를 슬픔이 느껴지네요.'

　맙소사! '잘난 사람은 절대 자신의 감정에 지지 않는다'고 말한 내게 이런 위로라니!

　실은 아직 어린아이처럼 여린 마음을 가졌으면서 그런 말을 했다면 제 손으로 제 눈을 찌르는 격이 아닌가? 내가 SNS에 게시했던 글은 순수하게 불만을 토로한 것뿐이니 지나친 해석은 삼갔으면 한다.

　게다가 우는 것으로 해결되는 감정은 진짜 감정이 아니다. 감정 해소란 감정을 인지하고 인정하는 과정에서 이루어지는 것이지, 배설을 통해 이루어지는 것이 아니다.

　친밀하고 좋았던 관계가 끝내 비극으로 치닫는 이유는 제대로 하지 않은 말에서 시작된다. 쓰레기 버리듯 항상 남에게 부정적인 감정을 투척하면 상대는 거북함을 느끼게 마련이다.

　'진정한 사랑'을 운운하며 남에게 자신의 불쾌한 감정과 언행을 견디도록 하는 것은 정서지능이 낮다는 증거다.

03

어떻게 해야 정말로 말을 잘한다고 할 수 있을까?

대학교 1학년 때 나의 수업을 들었던 한 여학생이 졸업을 앞두고 날 찾아온 적이 있다. 그녀는 여러 회사에서 러브콜을 받았는데, 어떤 선택을 해야 할지 모르겠다며 내게 조언을 구했다.

이에 나는 임금이 가장 높은 회사를 선택하는 것이 어떻겠느냐고 말했다. 그러면 일단 다른 것은 다 제쳐두고, 그동안 키워주시느라 고생하신 부모님을 쉬게 해드릴 수 있지 않겠느냐면서 말이다.

학생은 임금이 높은 곳이 두 곳이라고 했고 나는 여가가 많은 쪽을 추천했다. 그러자 학생은 이해가 안 간다는 듯 물었다.

"갓 졸업해서는 더 열심히 일해야 할 때 아닌가요? 왜 여가가 많은 쪽을 추천하시는 거죠?"

여가가 많으면 투잡을 가질 수도 있지 않겠느냐고 하자 학생은 이렇게 대꾸했다.

"교수님이야 능력자이시니 학생들을 가르치면서 집필도 하시고, 방송도 하시는 거죠. 저 같은 풋내기는 기껏해야 여가에 책이나 좀 더 볼 수 있겠네요!"

이때 당신이라면 뭐라고 답하겠는가?

제대로 된 답을 하려면 먼저 이 학생이 무엇을 원하는지를 알 필요가 있다. 미니강의 라이브 방송에서 이 이야기를 했을 때, 학생 대부분은 그녀에게 자신감이 부족한 것 같다며 위로해주고 싶다는 반응을 보였다.

그러나 그녀가 원하는 것은 위로가 아닌 격려였다. 위로와 격려는 엄연히 다르다. 너의 상황이 그리 엉망은 아니라고 알려주는 것이 위로라면, 격려는 '너는 할 수 있어'라고 일깨워주는 것이다.

어떤 학생은 그녀에게 투잡 생각이 아예 없는 것 같다며, 다른 조언을 해줬어야 하지 않겠느냐고 말하기도 했다. 그러나 여기서 중요한 점은 투잡을 하느냐 마느냐가 아니다. 다른 사람을 대신해 결정을 내려주려고 해도 안 되지만, 남의 생각에 무조건 영합하려 하는 것도 지양해야 한다. 이성적인 조언은 간혹 냉정하게 마련인데, 정말로 감성지능이 높은 사람은 절대 가시 돋친 말을 하지 않는다.

그렇다면 그녀가 원하는 것은 무엇인가? 그녀는 나 같은 사람이 되길 원했다. 그래서 나는 그녀를 지지하며 이렇게 말했다.

"이 험난한 세상에 학생을 원하는 곳이 그렇게나 많은데, 그런 사람을 어떻게 단순한 풋내기라고 할 수 있겠어? 게다가 내가 이렇게 많은 일을 겸할 수 있었던 건 내가 능력자라서가 아니라 달리 선택권이 없었기 때문이야. 그런 점에서 학생도 나와 같을 수 있을 것 같은데!"

사람들이 가끔 자조적인 말을 하는 이유는 상대의 동의를 끌어내거나 위로받기 위해서가 아니다. 상대로부터 그 말을 부정당함으로써 정서적인 가치를 얻기 위해서인 경우가 대부분이다.

심리상담가이자 작가인 다장쥔궈(大將軍郭)는 이렇게 말했다.

"정서적 가치를 제공하려면 먼저 적극적으로 관심 갖는 법을 배워야 합니다."

그렇게 하면 그 과정에서 어떻게 상대의 말에 더 적극적으로 응답할 수 있는지를 배워 높은 정서적 가치를 제공할 뿐만 아니라 더욱 밝고 긍정적인 시각을 가질 수 있다. 또한 좀 더 긍정적인 마인드를 가지면, 자연스레 단순한 정서적 가치를 제공하는 것에서 한 단계 더 나아가 더욱 긍정적인 정보를 제공할 수 있다.

감성지능이 높은 사람이 말 한마디로 천 냥 빚을 갚는 이유는 그가 제공한 정서적 가치가 값을 매길 수 없을 만큼 더없이 귀중한 것이기 때문이다!

사람과 사람 사이를 끌어당기는 힘은 비단 빼어난 용모나 돈 혹은 재능에서만 나오는 게 아니다. 무엇보다 가장 큰 매력은 상대에게 전하는 따뜻함과 진실함 그리고 긍정의 에너지에서 나온다.

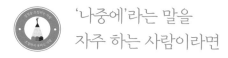

'나중에'라는 말을
자주 하는 사람이라면

위란 씨는 유명 언어 특성화 프로그램의 프로듀서인데 최근 그녀가 새로운 프로그램을 시작한다며 내게 패널로 모실 만한 사람을 추천해달라고 부탁했다. 그녀의 요구사항은 이랬다.

첫째, 준수한 외모에 서른 살 이하.

둘째, 재능과 끼가 많고 무엇보다 언어 표현 능력이 좋을 것.

셋째, 4년제 대학(대학원이면 더 좋음) 졸업 이상의 학력에 번듯한 직업을 가지고 있을 것.

넷째, 인플루언서가 될 잠재력을 보유한 사람.

첫 번째 요구사항에만 들어맞았어도 내가 직접 출연했을 텐데, 아쉽게도 서른 살 이하가 아니니 다른 사람을 추천할 수밖에……

그렇게 때마침 생각난 사람은 바로 내 지인 펑쇠이였다. 외모도 썩 준수한 데다 명문 학교를 석사 졸업하고 대학에서 교편을 잡고 있었기 때문이다. 무엇보다 학교에서 각종 행사 진행을 도맡을 정도로 언변이 좋은 데다 괜찮은 노래 실력에 기타 연주 실력까지 재주가 많았다. 그에게 위챗 ID를 얻어보겠다고 선택과목인 그의 강의를 청강하러 오는 여학생이 많았는데, 그만큼 여학생들의 선망 대상이기도 했다.

오죽하면 평소에 그 정도면 센터로 연예인 데뷔를 해야 하는 것 아니냐는 말을 자주 했는데, 그러면 그는 장난스럽게 이렇게 되받아쳤다.

"선생님처럼 유명한 분이 곁에 있으니, 그럼 어디 한번 선생님 다리에 매달려 못다 한 꿈이나 이뤄볼까요?"

안 그래도 대학 시절 아르바이트로 잠깐 모델 일을 했었는데, 아마 선생님이 되라는 부모님의 완강한 뜻이 없었다면 자신도 스타가 되길 꿈꿨을지도 모른다면서 말이다.

그런데 정말로 기회가 온 것이 아닌가!

나는 곧바로 펑쇄이의 사진과 업무 성격, 그리고 그의 특기 등을 위란 씨에게 보냈다. 펑쇄이가 프로그램에 출연한다면 내 쪽에서도 적극적으로 홍보하겠다는 말도 덧붙여서 말이다.

위란 씨는 펑쇄이에 대한 자료를 보고 꽤 흡족해하며 자신이 직접 그와 얘기를 나눠보겠노라며 내게 그의 위챗 ID를 물었다.

그런데 그 후로 한 달이 훌쩍 지나고 프로그램 첫 방송이 시작되었는데 남성 패널 자리에 펑쇄이가 아닌 다른 사람이 앉아 있는 것이 아닌가!

솔직히 말해서 1회에 출연한 남성 패널은 펑쇠이보다 나은 구석도 없어 보였다. 나는 급히 펑쇠이에게 자초지종을 물었고, 그는 위란 씨가 그를 친구로 추가한 후 짧게 몇 마디를 던지더니 이내 연락이 끊겼다고 말했다.

"그럼 네가 먼저 연락해보면 되지!"

답답해하는 내 말에 펑쇠이는 말했다.

"구체적인 상황을 모르는데, 제가 뭘 물어보겠어요?"

"좋아, 그럼 내가 물어봐줄게."

나는 위란 씨에게 메시지를 보냈고, 그녀로부터 펑쇠이가 탈락했다는 답을 받았다.

내가 보기에는 얼굴도 잘생기고, 언변도 좋고, 개인적 조건이 모두 OK이건만 대체 뭐가 부족하단 말인가!

위란 씨는 한마디로 '프로그램에 참여하고자 하는 의지가 불합격!'이라고 했다. 사실 그녀는 펑쇠이가 갖춘 조건을 무척이나 마음에 들어 했다. 하지만 그는 그녀가 패널을 선정할 때마다 항상 진행하는 테스트, 그러니까 고의로 잠수를 타 상대가 먼저 연락해오는지를 보는 그 테스트를 통과하지 못했던 것이다.

그녀가 이런 테스트를 하게 된 데는 이유가 있었다. 그동안 지인에게 소개받아 프로그램에 출연하게 된 패널들에게 공통적인 문제점이 있었기 때문이다. 바로 자신의 체면이 깎일 가능성이 있는 일, 예컨대 어려운 도전을 해야 한다거나 탈락의 여지가 있는 코너가 있을 때 온갖 이유를 대며 사전 하차하려 한다는 것이었다.

이렇게 되면 제작진이 그들을 위해 정성껏 설정해놓은 캐릭터가 무너지는 것은 물론, 프로그램 제작에도 차질이 빚어진다. 그래서 그녀는 그의 조건이 아무리 좋아도 자신들이 항상 떠받들어야 하는 스타 패널은 원치 않는다고 했다.

펑쇄이가 섭외에서 제외된 이유를 알고 난 후, 나는 이게 그녀만의 테스트라는 말은 하지 않고 그저 좀 더 적극성을 보여보라고 그에게 조언했다. 그러자 그는 아직 처리해야 할 일 A, B, C, D가 있으니 이를 마치면 다시 연락해보겠다며 '나중'을 기약했다.

그 순간 나는 위란 씨의 판단이 정확했다는 사실을 인정하지 않을 수 없었다. 아무리 A, B, C, D라는 일들을 처리하느라 바빠도 다른 사람에게 연락 한 번 취하지 못할 정도로 보이지는 않았기 때문이다. 그리고 무엇보다 일상적인 업무에 자신의 모든 시간을 할애하는 사람은 게으르거나 업무효율이 떨어진다는 방증이었다.

퇴근 후 자기계발에 충분한 시간을 투자해야 오늘보다 더 나은 내일을 맞이할 수 있다.

일본 나라현의 사슴들은 배불리 먹지 못해 체중이 일반 사슴의 60%밖에 되지 않으며, 건강 상태나 수명 모두 걱정스러운 수준이다. 여행객들이 매일 먹이로 센베이(일본의 전통 건과자)를 주는데, 체중미달이라니 왜일까? 사슴들이 진정으로 원하는 것은 센베이가 아니라 식이성섬유가 풍부한 들풀이기 때문이다. 실제로 이를 위해 도주를 시도하거나 사람을 공격하는 사슴도 있다.

이로 말미암아 문제가 불거지자 나라현에서는 도주하는 사슴을 유인해 사살한다는 방침을 세웠지만, 일본인들에게 사슴은 신성한 동물이기에 대부분은 숲으로 무사히 달아나 조금씩 건강을 회복하는 편이다.

반면 도주하지 않고 '기다리는' 사슴들은 영원히 아건강 상태로 공원에 남아 나이가 듦에 따라 조금씩 도망갈 능력을 잃게 된다.

누군가가 밥을 떠 먹여주길 기다리는 사람은 영원히 배 불릴 수 없으며, 굶주림 앞에 '기다림'을 택하는 사람에게는 모든 기회가 불가능으로 변하는 운명이 닥칠 뿐이다.

02 ____

입으로만 진취적인 사람은 행동하는 거인이 될 수 없다. 이는 그들이 '강하면 물러서고, 약하면 공격하는' 나쁜 사고에 빠져 있기 때문이다.

여러 대학에서 강연할 때마다 내가 학생들에게 꼭 하는 실험이 있다. 자리에 있는 학생들에게 이렇게 물어보는 것이다.

"웨이보나 위챗 모멘트 같은 뉴미디어에 관심이 있는 사람은 손을 들어주세요."

그러면 대개 70% 이상의 학생들이 손을 드는데, 이때 나는 다시 이렇게 묻는다.

"그럼 이 중에 콘텐츠 제작자가 되고 싶은 사람 있나요? 내가 여러분을 인플루언서로 만들어줄 회사를 알고 있는데, 한번 해보고 싶다하는 사람은 단상 앞으로 나와주세요."

이때 보통은 단상 앞으로 나오는 학생이 없는데, 그러면 나는 다시 학생들에게 '해보고 싶은 이유'와 '하고 싶지 않은 이유'를 종이에 적어보라고 한다. 학생들이 말하는 '하고 싶지 않은 이유'는 그야말로 일일이 다 나열하기 어려울 정도로 가지각색이다.

'그쪽으로 관심이 없다', '요즘 너무 피곤하다', '부모님이 반대하실 것 같다', '전공에 맞지 않는 일이다', '비주얼이 달린다', '최근 학생회 일이 바빠 시간이 없다', '소심한 성격이라 악성 댓글이 달릴까 봐 두렵다', '웨이보나 위챗 모멘트 같은 SNS를 즐기는 건 시간 낭비다', '나는 SNS에 빠져 사는 바보들과는 다르다' 등등······.

그러나 '해보고 싶은 이유'는 극히 빈약하다. 아예 이유를 적지 못하는 학생도 많고 적더라도 대략 다음 몇 가지로 간추릴 수 있다.

'나 자신에게 도전해보고 싶어서', '세상에 내 목소리를 들려주고 싶어서', '특정 플랫폼을 이용해 꿈을 실현하고 싶어서', '부모님을 위해서' 등등······.

비교해보면 금방 알 수 있지만, 우리로 하여금 어떤 일을 시도하게 만드는 심리적인 이유는 하나같이 거창하지만 공허하다.

너무 솔직히 말하는 것 같아 미안하지만 '사랑과 평화를 위해, 이상과 정의를 위해'와 같은 비현실적인 이유만으로는 어떤 구체적인 일을 위해 움직여야 할 동기를 부여받기 어렵다. 그리고 무엇보다 중요한 것은 이러한 이유 때문에 엄청난 폐단이 있다는 사실이다. 그건 바로 시간제한이 없는 장기적 목표처럼 보인다는 것이다.

이는 마치 펑위옌(彭于晏, 타이완의 배우) 같은 남자 친구에 억대 연봉의 직업, 많은 사람을 홀리는 매력적인 얼굴, 화장대 가득한 입생로랑(YSL) 루쥬 볼립떼 샤인 립스틱 등을 원하는 것과 마찬가지다.

이것들을 얼마나 원하느냐고 묻는다면 미친 듯이 원한다고 대답할 수 있지만, 조금 기다리라면 기다릴 수도 있는 일이라는 뜻이다. 즉 싱글로 컵라면을 먹으며 민낯으로 집에서 기다리지 못할 것도 없으니 '그럼 이러한 바람들은 나중에 이루지, 뭐!' 하는 결론을 내리게 되고, 결국 그 '나중'은 오지 않게 되는 것이다.

그에 반해 어떠한 일을 시도하지 못하도록 우리 앞을 막아서는 이유들은 너무나 막강한 힘을 발휘한다. 내용도 구체적인 데다 시간제한이 있고, 우리의 개인적이고 현실적인 상황이 반영되어 반박의 여지가 없다.

그런 까닭에 '일 하나 하기가 참 어렵다. 적절한 시기와 조건, 그리고 사람이라는 삼박자가 모두 갖춰져야 하니 말이야. 물론 일이 잘되면 좋겠지만, 안 해도 큰 지장은 없잖아? 어쨌든 부모님이 날 지원해주실 테니 말이야. 게다가 일이 잘 안되면 얼마나 망신당하겠어. 에잇, 관두자! 관둬!' 하는 생각에 이르게 되는 것이다.

입으로만 진취적인 사람이 행동하는 거인이 될 수 없는 이유는 간단하다. '진격'을 담당하는 뇌 부분에 생기가 없어서 생각하는 데 충분한 시간을 할애하지 못하는 반면, '위축'을 담당하는 부분으로 구체적인 정보가 대량 주입되면서 해당 부위가 발달하기 때문이다.

나는 기회를 앞에 두고 '나중'을 기약하는 것을 좋아하지 않는다.

왜냐? 운명이란 참으로 얄궂기 때문이다. 우리가 하늘이 내려준 소중한 기회를 포기하고 나면, 운명은 우리에게 주었던 선천적인 재능마저도 잽싸게 거둬들일 뿐만 아니라 가장 의외의 방법으로 우리 앞에 악마를 보내기도 한다.

그런 의미에서 나는 내 경쟁자들에게 감사한다. 자기계발이란 '비단 위에 꽃을 더하는' 일이 아니라 생사존망이 걸린 일임을 알게 해주었으니까.

비록 목숨 걱정 없는 세상에 살아가고 있다고는 하지만 사실 여전히 누군가는 우리의 머리에 총구를 겨누고 있음을 절대 잊지 말아야 한다.

이것이 바로 우리가 반드시 자기계발을 해야 하는 이유다. 내일과 뜻밖의 사건 중 어느 것이 먼저 우리에게 닥칠지는 아무도 모르기 때문이다. 물론 그때가 되면 나중을 기약하고 싶어도 더 이상 그럴 수가 없을 것이다.

그래서 나는 변덕스러운 운명 앞에 슬픔과 기쁨을 억누르고 오직 강해지기 위한 노력을 하는데, 이는 나를 앞으로 나아가게 하는 중요한 동기가 되어준다. 이를 위해 나는 '앞으로 나아가기 위한' 사소하고 잡다하지만 구체적인 이유를 덧붙여 그동안 내가 '뒷걸음질하기' 위해 들어온 수많은 핑계를 떨쳐낸다.

예를 들면 시도해본 일에 대해 허풍을 떨어보는 것이다. 때로는 평범하고 보잘것없는 동기가 그 어떤 고상한 동기보다 더 큰 힘을 발휘하는 법이니, 자신이 내세운 이유가 저속하다고 움츠러들 필요는 없다.

실제로 모 일류대학의 박사과정에 합격한 내 친구는 일류대학에 들어가 큰소리 한번 쳐보겠다는 생각이 동기로 작용해 두 번의 실패 끝에 결국 당당히 합격통지서를 받아들었다.

노력해야 자신의 작은 바람이라도 이룰 수 있는 법이다.

학창 시절 나는 '영웅전설'이라는 게임에 푹 빠져 있었는데 매번 새로운 버전이 출시되는 탓에 그때마다 해적판을 구하느라 전전긍긍했더랬다. 주머니 얄팍한 학생에게 정품을 구매할 여력은 없었기 때문이다.

그러나 지금은 신버전이 출시될 때마다 정품을 구매한다. 심지어 제작자에 대한 존경의 의미로 이미 예전에 클리어한 구버전까지 싹 다 구매했다. 이것이 내가 아무리 피곤해도 열심히 글을 써야만 하는 이유다. 허리띠를 졸라가며 게임팩을 구매하는 게 내게는 더 피곤한 일이니까.

두뇌 회의에서 '전진'을 담당하는 목소리가 커질수록 행동하는 데 필요한 의지력이 적어져 좀 더 쉽게 자신의 운명을 바꿀 수 있다. 그러니 배에 올라타 홀로 바다를 항해하는 법을 배워라. 애써 행복을 좇지도, 다가오는 행복을 피하지도 말고 그저 아래에는 잠잠한 푸른 바다를, 위에는 금빛 태양을 두고 앞으로 나아가는 것이다.

'제대로 말할 줄 아는' 사람은
인생의 진정한 희로애락을 이해하며,
'제대로 된 사람 구실'을 하는 이다.

제대로 말할 줄 알아야
사람답게 사는 맛을 알 수 있다

01

'청년들에게 가장 중요한 능력은 무엇일까요?'

즈후에서 반응이 뜨거웠던 질문인데 내 개인적으로는 소통 능력, 즉 말을 어떻게 잘하느냐가 가장 중요하다고 생각한다.

나 역시 한 토크쇼에서 황즈중(黃執中, 미궈미디어 커리큘럼 총괄책임자이자 대만 출신의 토론 고수)이 남긴 명언처럼 제대로 말할 줄 알아야 사람답게 사는 맛을 알 수 있다고 믿기 때문이다.

우리는 모두 외딴섬이 아니다. 그렇기에 아무리 내성적인 사람도 외부와 자원교류를 해야 한다. 그것이 실질적인 자원이든 정서적인 자원이든 말이다. 그런데 이때 말 한마디가 우리의 운명을 바꿔놓기도 한다. 말 한마디로 당 태종 이세민(李世民)에게 참형을 면하고, 더 나아가 그의 총애까지 얻어낸 위징(魏徵)처럼 말이다.

'내가 어떻게 말해야 옳았을까?'라고 뒤돌아 되짚어볼 때는 이미 때늦은 경우가 많다. 한마디로 좋은 관계를 맺는 데에는 소통 능력이 관건이며, 이 능력을 갖추기 위해 우리는 몇 배의 노력을 기울일 필요가 있다.

그렇다면 과연 어떻게 말을 해야 다른 사람에게 신임을 얻을 수 있을까? 어떻게 하면 거절당하지 않고, 좀 더 수월하게 상대의 협력을 끌어낼 수 있을까? 어떻게 말을 해야 상대를 수긍시키고, 변화시킬 수 있을까?

타인이 우리와의 왕래를 거부하고, 우리를 냉대하는 이유는 주로 다음과 같다.

1. 본능적인 자기방어로 관례 또는 현재의 상황을 고수하는 것이 비교적 안전하다고 생각하는 경우
2. 상대가 우리의 말 속에서 공격성이나 의심을 느껴 감정적으로 배척하는 경우
3. 상대와 우리의 관심사가 달라 서로를 이해하는 방법을 찾지 못한 경우

따라서 상대의 마음에 다가가기 위해서는 상황에 맞는 해결책을 찾아야 하는데 그 방법은 대략 다음과 같다.

1. 비폭력 대화로 불편한 분위기를 없애고, 상대가 존중받고 있음을 충분히 느낄 수 있도록 한다.
2. 부드러운 방법으로 상대의 생각을 끌어낸다.

3. 상대의 감정을 이해하고, 상대의 입장에서 충분히 생각해본다.

솔직히 말하면 원가족(Family of Origin, 한 개인이 태어나서 자라 온 가정, 근원가족 또는 방위가족이라고도 한다)의 영향 때문인지는 몰라도 요즘 사람들의 말에는 강한 공격성이 잠재되어 있어 듣는 사람을 불편하게 만드는 경우가 많다. 목소리만 크면 장땡이라는 착각에 빠진 사람도 적지 않다.

02 _____

양측이 어떤 관계든 요즘 사람들의 대화에는 '명령식의 말투'가 꽤 보편화되어 있다. 마치 다들 상대에게 자신의 권위를 과시하지 못해 안달인 사람들처럼 말이다. 그러나 실은 상대에게 강한 말투를 사용하는 사람일수록 자존감이 낮고, 상대에게 거절당할 것을 두려워하는 경향이 있으며, 이 때문에 오히려 더 쉽게 거절을 당한다.

예컨대 나는 직업이 직업인지라 학생들에게 동아리 행사에 참석해달라는 요청을 많이 받는 편인데 이때 학생들은 하나같이 이렇게 운을 뗀다.

"교수님, 내일 저녁에 열리는 저희 동아리 행사에 교수님이 참석해주셨으면 하는데 혹시 내일 시간 되세요?"

이에 대해 아마 다들 공격성이라고는 전혀 찾아볼 수 없는, 아주

예의 바른 말이라고 생각할 것이다. 그러나 초대받는 입장에서 보면 사실 이 말에는 건방짐이 다소 숨어 있다. '내일 저녁에 시간이 되면 반드시 우리 동아리 행사에 참석해야 한다!'는 뜻이 깔린 것이다.

물론 이것이 학생들의 고의가 아니라 오랜 세월 차곡차곡 쌓인 그들의 그릇된 소통 습관 때문이라는 것쯤은 나도 잘 안다. 개인적 입장에서 생각해보면, 확실히 바쁘기는 하지만 시간이야 얼마든지 낼 수도 있는 노릇이다. 다만, 이런 경우 나는 보통 거절하는 편이다.

인간이란 자신 앞에 '수락'과 '거절'이라는 단 두 가지 선택지가 놓였을 때, 어김없이 '거절'을 선택하려 하는 참 오묘한 생물이다.

왜냐? 첫째, 인간은 태생이 자유로운 존재이기에 상하관계를 막론하고 선천적으로 명령에 저항하려는 경향이 있기 때문이다. 즉 나도 모르게 잠재의식 속에서 '내가 가면 지는 거야!'라는 생각을 한다는 것인데, 당연한 얘기지만 남에게 고개 숙이는 것을 좋아하는 인간은 없다.

문제는 한 사람이 내리는 결정의 90%가 바로 이 잠재의식에서 비롯된다는 사실이다. 따라서 자신과 타인이 가진 잠재의식을 인식하는 일은 원활한 소통을 위해 우리가 내디뎌야 할 가장 중요하고도 가장 어려운 한 걸음이라고 할 수 있다.

둘째, 인간에게는 '안전하지 않으면 안 할 거야!'라는 잠재의식이 있기 때문이다. 그런 까닭에 상대방이 요청한 일이 안전하고 즐거운 일인지 확인할 수 없는 경우, 일반적으로 거절을 선택하게 되는 것이다. 이는 거절함으로써 혹시나 생길지도 모를 피해를 사전에 차단하자는 본능적 자기방어 기제가 작동한 결과다.

그런 의미에서 학생들이 내게 건넨 말에는 상당히 큰 문제가 있다. 그것은 바로 동아리 행사에 나를 초대해 대체 뭘 하라는 것인지 명확하게 밝히지 않았다는 점이다. 아마도 자리에 참석해 공연도 감상하고 박수도 쳐달라는 것이겠지만, 만에 하나 내게 한 말씀을 부탁한다거나 현장에서 노래시킨다거나 밤새 학교에 붙잡아둘 가능성도 배제할 수 없지 않나?

그렇다고 학생들에게 일일이 물어보고 싶은 생각도 없다. 나도 내가 뭘 걱정하는지 정확하게 짚어낼 수 없기 때문이다. 그래서 나는 초대의 이유나 목적이 명확하지 않은 자리는 되도록 피하는 편이다.

물론 학생들이 말을 이렇게 간단하게 하는 데는 나를 대하기가 어려워서일 수도 있다고 생각한다. 선생님들이 참석하지 않아야 더 즐겁게 놀 수 있다는 생각에 예의상 간단하게 초대하는 친구들도 분명 있을 것이다.

그러나 한 가지 확실한 점은 이런 식의 요청을 받아들일 사람은 거의 없을 것이라는 사실이다. 아무리 높임말과 공손한 말투를 사용할지라도 상대에게 주는 압박감이 상당하다면 상대의 거부감만 키울 뿐이다.

03 _____

그렇다면 올바른 소통 방법이란 무엇일까? 내가 추천하는 방법은 일명 'WWRO' 모드, 즉 'What, Why, Recede, Option'을 담은 대화법이다. 앞서 언급한 학생들을 예로 들면 이렇게 말해볼 수 있다.

"교수님, 저희 동아리에서 행사를 진행하는데 교수님께서 참석해주셨으면 해요." (What, 무엇을)

"참석 가능하시면 행사 시작 때 교수님께 한 말씀 부탁드리려고 해요. 동아리에 교수님 팬이 많거든요." (Why, 왜)

"바쁘시면 오프닝에만 잠깐 참석해주셔도 되는데." (Recede, 양보)

"정 시간을 못 빼시면, 행사 잘 치르라고 축사만 써주셔도 돼요." (Option, 대안)

이러한 소통방식의 장점은 다음과 같다.

1. 상대에게 선택의 여지를 주어 자신이 주도권을 가졌다는 인상을 줄뿐더러 자신의 입장에서 자신을 배려한다는 느낌을 줄 수 있다.
2. 주요 내용을 명확하게 밝히고, 상대가 행사 참가를 못 할 경우까지 대비하여 상대에게 행사에 참석해도 안전하겠다는 느낌을 줄 수 있다.

예컨대 다른 사람에게 함께 저녁 식사를 하자고 청할 때 이렇게 말해보는 것이다.

"삼겹살 맛있는 집 아는데 주말에 같이 먹으러 갈래? 일이 많으면 내가 포장해 와도 되고. 그런데 바로 구워서 먹는 게 최고인 것 같긴

하더라!"

이렇게 얘기하면 상대가 당신의 청에 응할 확률이 높아진다.

'갈 것이냐', '말 것이냐'라는 옵션을 살짝 비틀어 '즉석구이를 먹을 것이냐', '포장해서 먹을 것이냐'라는 옵션을 제시함으로써 선택의 여지를 주었기 때문인데, '즉석구이'를 먹으러 가는 쪽으로 선택의 추를 기울게 만드는 것은 이러한 작은 암시다.

한편 논문공모전 참가를 제안할 때도 마찬가지다.

"선생님, 성에서 주최하는 논문공모전이 있는데 새로 한 편을 써서 내는 게 나을까요, 작년에 쓴 논문을 보완해서 내는 게 나을까요? 선택권은 선생님에게 있으니 한번 생각해보세요. 꼭 입상을 위해서가 아니라 참가하는 데 의의가 있으니까."

이렇게 말하면 "선생님, 성에서 주최하는 논문공모전이 있으니 주말 전까지 논문 한 편을 완성해 제출하세요"라고 말하는 것보다 훨씬 완곡하고 듣기도 좋다. 사실 이러나저러나 거절하기 힘든 것은 매한가지이지만 말이다.

소위 '말할 줄 아는' 사람은 다른 사람에게 '사람답게 사는 맛'을 느끼게 해주고, 더 나아가 이 신기한 경험을 다른 이와 공유할 줄 안다.

'제대로 말할 줄 아는' 사람은 인생의 진정한 희로애락을 이해하며, '제대로 된 사람 구실'을 하는 이다.

최고의 교양은 말하기 전에
'조금 더 생각해보는 것'이다

01

우리가 자주 듣는 말 중에 이런 말이 있다.

"그이가 나쁜 사람은 아닌데, 입이 좀 걸어."

그리고 이 말에 동의하지 않으면 타인의 선의도 알아차리지 못하는 '바보'로 치부되기 십상이다. 사람들은 '몸에 좋은 약은 입에 쓰고, 충언은 귀에 거슬리는 법'이라는 말로 적당히 얼버무리며, 정작 막말을 일삼는 이들의 행동을 바로잡으려 하지 않는다.

물론 막말하는 이들도 나름의 이유를 내세운다. 내가 널 놀리고 빈정대는 것은 '좋은 마음으로 너의 단점을 지적해주려는 것'이고, 내가 너를 업신여겨 생채기를 내는 것은 '나도 모르게 튀어나온 진심'이며, 내가 너를 비웃고 공격하는 것은 '진심으로 너를 위하기 때문'이라면서 말이다.

그러나 사실 말을 함부로 하는 이는 나쁜 사람이다. 가시 돋친 말을 하는 사람이 유리멘탈을 가진 경우는 많지만 마음이 여리고 착한 경우는 드물다.

상대에 대한, 그리고 이 세상에 대한 그들의 미움은 모두 진심이다. 그들은 우리에게 불운이 닥치길 기대하며, 우리가 넘어져 피 흘리는 모습에 다시금 그 알량한 자존감을 회복한다.

타인에게 가하는 언어폭력에 '이게 다 널 위한 것'이라는 가면을 씌워도 결국 그 본질에서 드러나는 부덕함과 저급함은 감출 수 없다.

물론 우리와 정말 친한 이들 중에는 농담조를 빌려 진심으로 우리를 위하는 말을 하는 사람들도 있다. 그러나 이들의 표현방식과 '입이 거친' 사람이 하는 막말에는 분명한 차이가 있다.

한번은 지도교수님이 내게 이런 말을 한 적이 있다.

"명색이 심리학자인데 좀 겸손하고 진중해야지, 마스터를 자칭하는 건 좀 그렇지 않아? 왜 이참에 내가 확성기 하나 사줄 테니까 아예 전교에 대고 방송을 하지 그래?"

이에 나는 말했다.

"제가 '마스터 야옹님'인 걸 어쩝니까. 그리고 사실 이런 게 무슨 상관이겠어요. 어차피 저를 싫어하는 사람들은 제가 뭐든 간에 눈에 차지 않을 텐데요, 뭘."

그러자 지도교수님은 말했다.

"사실 네가 마스터라는 말에 손색없을 만큼 뛰어나다는 건 다들 아는 사실이지. 지난번에 ○○ 선생도 네 칭찬을 하더라. 다만 섣불리 '마스터'를 자칭해서, 너 스스로 더 발전할 수 있는 잠재력을 짓밟는 건 아닐까, 나는 그게 걱정이야."

지도교수님이 처음 말을 꺼낼 때는 확실히 조심성이 없었다. 나와는 워낙에 편하고 굳건한 관계였기 때문이다. 그러나 그는 나의 말속에서 자신의 조언이 나의 자존심을 건드렸을 수도 있겠다는 사실을 눈치채고, 이내 말하는 방식을 달리해 나의 감정을 보듬었다.

그렇다. '자신의 말이 상대에게 상처를 줄 수 있다'는 사실을 전혀 모르는 사람이라면, 무슨 근거로 나를 위해서라는 그의 말을 믿을 수 있겠는가!

내게 관심을 기울여 내가 미처 보지 못하는 단점까지 발견했다는 사람이 공교롭게도 그 말을 듣는 내 기분을 간과한다면 이것이야말로 어불성설 아닌가?

02

흥미롭게도 옛날부터 '말하기 전에 한 번 더 생각할' 줄 알았던 이들은 현재 탄탄대로를 걷고 있고, 높은 위치에 오른 주변인 중에도 입이 거친 사람은 거의 없다.

타인을 위해 조금 더 생각할 줄 아는 마음이 레벨업을 위한 필수 기술인가 싶을 정도인데, 사실 이 기술은 남에게 자기 생각을 관철하고자 할 때도 효과가 좋다.

한때 나는 내 꿈을 무너뜨리려 했던 아무개에게 소심한 복수를 했었다. 교원 모임이나 포럼 등과 같은 공개석상에서 그의 말에 사사건건 반박하는 방법으로 말이다. 사람들은 그러지 말라며 나를 말리기도 했고, 나 역시 그러는 게 좋지 않다는 사실을 어렴풋이 느끼기는 했지만, 그가 발언하는 것만 봐도 나는 화가 치밀었다.

어떤 이는 이런 나를 타이르며 말했다.

"그 덕분에 이 악물고 오늘 같은 성과를 거뒀으니 특별한 방식으로 도움받았다고 생각해."

하지만 그가 선의로 날 도와준 것은 아니지 않은가! 받아들일 수 없었다.

"그러지 마. 사람들이 다들 뭐라고 생각하겠어. 그러면 너에게도 안 좋아."

이렇게 말하는 사람도 있었다. 그러나 그동안 나름의 싸움을 해오면서 '남들의 생각'에 대한 걱정은 접어둔 지 오래인 나였다. 나는 그저 남들의 시선을 신경 쓰기보다 다른 사람들을 좀 더 이해하고 싶었을 뿐이다. 받아들일 수 없었다.

또 어떤 이는 이렇게도 말했다.

"이제는 네가 훨씬 강자잖아. 그러니까 그냥 무시해!"

참 이상한 논리였다. 내가 그보다 약자였을 때는 아무것도 하지 못하는 게 당연한 거라더니, 이제 강자가 되니까 또 그를 용서해줘야 한단다. 그러면 결국 내게 상처를 입힌 그는 아무런 대가도 치르지 않아도 된다는 것인가! 받아들일 수 없었다.

나를 설득하려던 수많은 친구는 도리어 내게 설득을 당해 내 복수법이 정당하다고 생각하기에 이르렀고, 심지어 더러는 괴롭힘을 당했던 본인의 경험을 떠올리며 대성통곡하기도 했다. 그런데 한 학과장님의 말이 이런 나를 완전히 바꿔놓았다. 그는 이렇게 말했다.

"재능 있는 젊은이가 개인적인 이유로 그 재능을 낭비하고 있다면, 이는 확실히 우리 간부들의 잘못이야. 그런데 혹시 공개적인 장소에서 그와 논쟁을 벌이는 것 말고, 자네의 노여움을 가라앉힐 다른 방법이 뭐 없을까? 어쨌든 모두 인텔리들이니 좀 더 체면이 서는 방법으로 목적을 달성할 수도 있을 것 같은데."

같은 말이라도 어떻게 하느냐에 따라 달라진다더니 딱 그 격이었다. 여기서 학과장님의 결정적 기술은 '네게는 잘못이 없다며, 내가 네 잘못을 바로잡고자 하는 소리가 아니라 지혜를 발휘해 좀 더 고상하고 효과적인 방법을 선택했으면 한다'는 뜻을 전한 데 있다.

다른 사람들이 우리의 조언을 받아들이지 않는 이유는 우리 조언 속에 은밀한 공격성이 깔려 있기 때문이다.

집에서 엄마가 아이를 혼낼 때 주로 이런 식의 말을 한다.

"이 게으름뱅이! 어떻게 자기 방 하나 깨끗하게 정리할 줄을 몰라? 얼른 청소해!"

사실 엄마의 말이 옳다는 것을 우리는 모두 알고 있다. 하지만 그럼에도 즉시 엄마의 말을 따르지 않는 이유는 하나다. 바로 엄마의 말대로 하는 순간 자신이 게으름뱅이임을 기정사실로 받아들이는 꼴이 되기 때문이다.

내가 앞서 언급한 친구들의 조언을 받아들이지 않은 이유도 마찬가지다. 내가 행동을 바꾸면 스스로 뒤끝 있는 옹졸한 인간임을 인정하는 것과 같았기 때문이다.

우리는 때로 자신의 관점이 정말 흠잡을 데 없다고 생각해서가 아니라 자존심을 지키기 위해 그것을 고수한다. 그런 까닭에 제대로 말을 할 줄 아는 사람들은 자신의 소견을 내세우기에 앞서 먼저 상대의 자존심을 지켜준다.

그리고 그들의 말에는 네게 잘못은 없지만 네가 나의 의견을 수용하여 행동을 달리할지라도 여전히 너는 옳다는 명확한 전제가 깔려 있다.

03 ___

또 다른 예를 들어보자.

진 박사는 훌륭한 청년 학자로 학술계에 떠오르는 신성이다. 그러나 안타깝게도 연애 사업에서는 꽝이었다.

한번은 소개팅에 나갔는데 아가씨가 마음에 든 나머지 차 트렁크에 실어놓았던 화석과 곡괭이를 꺼내 와 테이블 위에 늘어놓고 오후 내내 '캄브리아기 화석의 형성과 발견'에 대한 이야기를 늘어놓았다고 한다. 매일 저녁 공룡 이야기를 듣고 싶어 하는 사람이었다면 그의 짝으로 안성맞춤이겠지만, 아쉽게도 그녀는 그의 짝이 아니었다.

이후에도 여러 번 소개팅에 실패하자 진 박사는 자신에게 들어오는 모든 소개팅을 거절하기 시작했다. 물론 그가 이렇게 소개팅을 거절한 이유는 '연구에 심취'해서도, '시간이 없어서'도 아니었다. 바로 여성을 대하는 기술이 부족하다며 그의 아픈 곳을 찌르는 주선자들의 말 때문이었다.

그러나 학과장님은 달랐다. 그는 진 박사의 마음을 적당히 보듬으며 이렇게 조언을 건넸다.

"자네처럼 훌륭한 선생님이 여태 싱글이라니. 자네가 유능하다고 내가 연애할 틈도 안 주고 너무 많은 일을 맡겼나 보네. 미안해, 다 내 탓이야. 그런데 말이야, 나는 가끔 그런 생각을 해. 일과 사랑은 정말 병행할 수 없는 걸까?"

눈치챘겠지만 학과장님은 이 문제에서도 역시 자신에게 책임을 돌림으로써 상대의 자존심을 지켜주었다. 또한 직접적으로 조언을 건네는 대신 자신이 생각하는 정답을 상대에게 유도하는 방식으로 대화를 이끌었다.

이렇듯 누군가의 행동을 바로잡으려면 단순히 그 사람을 설득하려 할 것이 아니라 그가 스스로 깨닫고, 자신의 전술을 수정할 수 있도록 도와주어야 한다. 그런 의미에서 나는 심리상담 전문가 후선즈(胡慎之)의 이 말에 완전히 동의한다.

"통제와 복종, 대립의 관계 속에는 '당신이 옳아요', '내가 잘못했어요'라는 말만 가득한데, 이러한 권력적 대화는 사람에게 상처를 준다."

상대 감정을 상하게 하지 않으면서 그 관계를 조화롭게 안정적으로 오래 유지하려면 상호 노력과 자기책임이 따라야 한다.

제대로 말을 할 줄 안다는 것은 집안 최고의 풍수요, 교양의 극치다.

상대 감정을 상하게 하지 않으면서
그 관계를 조화롭게 안정적으로 오래 유지하려면
상호 노력과 자기책임이 따라야 한다.

성공한 사람은 효과적으로
인맥을 관리한다

01

어째서 훌륭한 사람들은 항상 타인의 장점을 보고, 더 나아가 서
로를 도우며 발전해나갈 수 있는 걸까?

이를 설명하기 위해서는 먼저 영국의 진화심리학자 로빈 던바
(Robin Dunbar)가 주장한 던바의 법칙(혹은 던바의 수, Dunbar's
Number)이라는 개념을 이해할 필요가 있다.

던바의 법칙이란 아무리 발이 넓은 사람이라고 해도 한 사람이 진
정한 사회적 관계를 맺을 최대치는 150명 정도에 불과하다는 것이
다. 이는 대뇌피질의 크기 때문인데, 인간의 대뇌피질이 제공하는
인지 능력으로 수용 가능한 인맥이 딱 그 정도라는 뜻이다.

던바의 주장에 따르면 이러한 제약은 웬만해서는 깨기가 어렵다.
그런 까닭에 단순히 SNS에서 서로의 게시물에 '좋아요'를 누르는 사
이는 결코 친구라고 할 수 없으며, 마찬가지로 조직의 구성원이 150
명을 넘으면 안정적인 조직이 될 수 없다고 말한다.

그런 의미에서 '친구가 널렸다'는 말은 시적인 과장이 아닌 얄팍한 자만심의 표현이다. 자고로 군자의 사귐은 담담하기가 물과 같으며, 진정한 우정은 요란하지 않은 법이기 때문이다. 따지고 보면 우리는 단 한 번도 친구를 잃은 적이 없다. 그저 나이를 먹어감에 따라 내게 진정한 친구가 누구인지를 분별할 수 있게 되었을 뿐이다!

던바의 법칙에 따르면 이 150명의 친구는 다시 네 그룹으로 분류할 수 있다.

그 첫 번째 그룹은 바로 절친한 친구다.

이 그룹에 속하는 인원은 5~10명 정도로, 가족과 배우자 그리고 어려움을 함께하며 생사를 같이할 벗이 포함된다. 예컨대 삼국지 속 유비, 관우, 장비의 관계처럼 말이다. 이 그룹에 속한 사람들은 우리와 매우 밀접한 관계다. 그들이 반드시 우리를 잘 이해하는 것은 아니지만 우리에게 매우 커다란 영향을 준다. 중대한 사안이 있을 때 든든한 버팀목이 되어주는 사람들도 바로 이들이다. 이 그룹은 매우 고정적으로 외부 사람들이 쉽게 진입할 수 없으며, 이 안에 속한 사람들 역시 웬만해서는 그룹을 벗어나기 어렵다.

두 번째 그룹은 좋은 친구다.

이 그룹은 15~20명 정도로 내가 선택한 사람들로 구성되는데, 선택의 근거는 '나와 세계관, 인생관, 가치관이 맞는가'이다. 우리의 주요 사교 그룹이라고 할 수 있는 이 그룹에는 중대한 사안이 발생했을 때 기댈 만한 상대가 일부 포함되어 있다. 그러나 그들은 주로 의견을 제시하거나, 힘을 북돋우고, 나와 희로애락을 나누는 등 정신적 지지를 보내는 역할을 한다.

세 번째 그룹은 평범한 친구다.

30~40명으로 자주 어울리기는 하지만 정서적인 교감이 없는 상대가 이 그룹에 속한다. 주로 이익관계로 얽힌 동료나 동종업계 종사자가 여기에 해당한다.

마지막으로 네 번째 그룹은 아는 사람으로 그 수가 100~150명 정도다.

거의 함께 어울리지 않는 상대가 대부분이지만, 세 번째 관계로 발전시키고 싶은 경우 교류를 하기도 한다.

02 _____

감성지능이 높은 사람이 더 효과적으로 인맥을 관리할 수 있는 이유는 그들이 마당발이어서가 아니라 각 그룹에 속한 사람들을 어떻게 대해야 하는지를 정확하게 파악하고 있기 때문이라고 던바 교수는 말한다. 한마디로 각 그룹의 역할과 영향이 다른 만큼 그에 따른 처세가 필요하다는 뜻이다.

예컨대 첫 번째 그룹은 우리에게 소속감을 준다. 따라서 첫 번째 그룹과의 관계를 제대로 처리하지 못하면 외로움을 느낄 수밖에 없다. 사람들이 친밀한 관계 속에서 고통을 받는 이유는 주로 이 그룹 안의 사람들과 서로 생채기를 내는 데에서 비롯된다. 상대가 자신을 떠날 리 없다고 생각해 제멋대로 행동하고, 함부로 말을 하는데, 이는 매우 잘못된 행동이다. 첫 번째 그룹의 사람들에게는 관심과 사랑, 신뢰가 필요하기 때문이다.

한편 우리의 행복을 결정하는 것은 두 번째 그룹이다. 그들은 우리와 희로애락을 나누며, 어떤 문제가 발생했을 때 우리에게 진심 어린 조언을 건네고 싶어 한다. 그러나 안타깝게도 많은 이가 이 그룹에 속한 사람들과 이익 다툼을 벌이려 한다. 이러한 행동이 오히려 손해가 된다는 것을 알지 못한 채 말이다. 사실, 이들이 원하는 것은 돈과 같은 이익이 아니라 끈끈하고 밀접한 정신적 유대다. 다시 말해서 이들과의 관계에 계산기를 두드리기 시작하는 순간, 우리는 좋은 친구를 잃게 된다는 뜻이다. 그러므로 두 번째 그룹의 사람들을 대할 때는 상대의 감정을 존중해주는 자세가 필요하다.

다음으로 세 번째 그룹, 즉 동료 및 동종업계 종사들과의 관계는 한 사람의 사업적 성공을 결정하는 처세의 관건이라고 할 수 있다. 던바 교수는 이 세 번째 그룹과의 관계에 우리가 가진 에너지의 60% 이상을 쏟아야 한다고 보았다. 첫 번째 그룹과는 결속력이 강하고, 두 번째 그룹과는 세계관, 인생관, 가치관이 부합하기 때문에 관계를 유지하는 데 큰 에너지가 필요하지 않지만, 세 번째 그룹과는 '상호 간의 이익'을 우선해야 하는 만큼 관계를 유지하는 데 상당한 에너지가 필요하다는 것이다.

그러나 현대인들은 이들과의 관계에서 흔히 다음과 같은 두 가지 오류를 범한다.

첫째, 동료를 절친한 친구 대하듯 한다.

이러한 오류를 범하는 사람의 특징은 상대가 자신에게서 조금이라도 멀어질까 두려워하며 상대의 모든 요구사항을 들어준다는 것이다. 행여 상대가 관계를 끊겠다는 말로 협박을 하면 상대를 위해 아낌없이 자신을 몰아붙이기도 한다. 문제는 자신이 줄 수 있는 모든 것을 쥐어 짜낸 뒤이다. 더 이상 상대에게 이익을 제공할 수 없게되면 상대는 우리를 '이용 가치가 없는 사람'으로 판단해 결국 관계에 종지부를 찍을 것이기 때문이다.

둘째, 동료를 좋은 친구 대하듯 한다.

이러한 오류를 범하는 사람은 툭하면 상대에게 도덕적인 잣대를 들이대며 "너는 왜 내 기분에 신경을 써주지 않는 거야? 왜 날 도와주지 않는 건데?" 하는 말을 밥 먹듯이 한다. 문제는 불평하려거든 적어도 자기 일은 끝내놓고 해야 하는데 이들은 전혀 그러질 못한다는 점이다. 심지어 갓 직장에 입사한 일부 새내기는 직장을 자신의 감정을 발산하는 곳이라고 크게 착각하기도 한다.

03 _____

미성숙한 사고방식을 가진 사람은 세 번째 그룹에 속한 사람들을 대할 때 생각을 달리할 필요가 있다는 사실을 전혀 깨닫지 못한다. 엄밀히 말하자면 내가 남을 위해 얼마의 가치를 창출했느냐에 따라 나를 대하는 남의 태도도 달라진다.

그런 의미에서 성공한 사람들은 관계 유지를 위한 최고의 처세법이 '윈윈'임을 정확하게 파악했다고 할 수 있다.

　그렇다면 수준이 낮은 사람들이 '윈윈'의 관계를 추구하지 못하고 남들을 깔아뭉개길 좋아하는 이유는 무엇일까? 그들의 인식이 지나치게 편협하기 때문이다.

　딱 꼬집어 얘기하자면 그들의 세상에는 상대와 나, 단 두 사람만이 존재한다. 상대를 무너뜨려야 자신의 자아가 확고해지는 것이다. 이들은 이 세상이 얼마나 넓은지 전혀 알지 못하거나, 알고 싶은 생각이 아예 없다.

　미국의 사회심리학자 레온 페스팅거(Leon Festinger)는 이와 같은 상태를 일컬어 '인지부조화'라고 했는데, 당신이 이러한 상태에 놓여 있다면 되도록 빨리 그 상태에서 벗어나길 추천한다. 인지부조화는 전염성이 강한 바이러스처럼 자신도 모르는 사이에 자신의 인지 능력을 떨어뜨린다. 그리고 자신과 주변 환경의 충돌을 줄이기 위해 이러한 낮은 인식에 스스로 적응하도록 만드는데, 이는 우리에게 치명적일 수 있다.

　다른 사람들이 나를 존중해주길래 나는 내가 대단한 사람인 줄 알았다. 그러나 시간이 지나면서 조금씩 깨달았다. 다른 사람들이 나를 존중해주는 이유는 내가 꼭 대단해서라기보다 그들이 훌륭한 사람이기 때문이라는 사실을 말이다. 진짜 훌륭한 사람은 타인의 훌륭함을 볼 줄 알고, 더 나아가 이를 이용할 줄 안다.

감정을 조절하는 사람
조절하지 못하는 사람

PART
03

감정을 제어해야 인생을
장악할 수 있다

감정을 얼마나 잘 조절하느냐에 따라
인생이 달라진다

01_____

　내 기억에 진 박사는 감성지능이 높은 사람이다. 그런데 그런 그가 얼마 전에 있었던 회의에서 자신의 의제가 통과되지 못했다는 이유로 욕설을 퍼부었다는 소문이 파다하게 돌았다. 나는 도무지 그의 행동을 이해할 수 없었다. 감정에 눈이 멀어 순간적인 실수를 했단 말인가?

　나는 그와 이야기를 나눠보기로 했다. 그와 대화를 나눈 후에야 비로소 깨달았다. 그동안 감정에 대해 내가 너무 피상적으로 이해하고 있었다는 사실을 말이다.

　사실, 진 박사에게는 가장 중요한 것은 그 의제가 아니라 과제에 대한 열정과 절박감이었다. 물불 가리지 않고 자신의 이상을 실현하겠다는 충동이 그의 눈앞에 놓인 모든 난제를 정면 돌파하는 데 힘이 되어준 것이다.

　심리학에서는 이를 '내적 감정조절'이라고 하는데, 내적 감정조절의 내부 메커니즘은 자동역행조절로 개체의 정서적 균형을 유지해 자기 자신을 보호하도록 하는 역할을 한다.

어떠한 사회 현상에 절망감과 두려움을 느낄 때 우리는 정서적 꼬리표로 자신의 정서적 경험을 정의해 이 느낌을 표현하는데, 결과적으로 원래의 자극과는 상반된 반응을 일으킬 수 있다. 이것이 바로 '내적 감정조절'의 주요 전략인 '정서적 꼬리표 달기(Emotional Tagging)'다.

쉽게 말하면 진 박사는 정면 대항에 '호피로 큰 깃발을 만드는' 약간의 기술이 필요함을 깨닫고 이를 활용한 셈이었다. 조금은 과장된 제스처로 상대를 놀라게 한 다음, 적당한 상황에 즉각적으로 상대를 치켜세우는 전략을 구사한 것이다. 이렇게 하면 상대와 맞서는 데 필요한 심리적 자신감을 높일 수 있을 뿐만 아니라, 상대가 이미 완벽하게 구축한 방어체계 속에서 싸움을 벌이는 것을 피할 수 있기 때문이다.

나는 진 박사가 자신의 분노를 이처럼 예술적이고 또 매력적으로 활용하는 모습을 보고 그저 멋지다는 생각만 할 수 있었다.

인간의 뇌는 영원히 주관적이다. 즉, 영원히 우리 스스로 만들어가는 것이라는 뜻이다.

모든 이익 다툼은 사실 지혜의 힘겨루기이기도 하다. 그러나 정서적인 힘이 수반되지 않는다면 우리의 뇌는 최고의 지혜를 발휘할 수 없다.

요즘 사람들은 '마음 좋은' 사람에겐 부정적인 감정이 없을 거라고 생각하는 경향이 있다. 어떤 일이 발생해도 화를 내지 않고, 강적을 만나도 두려워하지 않으며, 인생에 좌절을 맛봐도 절망하지 않고, 버림을 받아도 슬퍼하지 않을 거라고 생각하는 것이다.

반대로 그들에게는 긍정적인 감정이 무한할 거라고 여긴다. 작은 감동에도 눈물 흘리고, 사소한 친절에 간이라도 꺼내줄 듯 행동하며, 힘이 되는 말 한마디에 초롱초롱 빛을 내고, 작은 위로에 언제 그랬냐는 듯 훌훌 털고 일어난다고 말이다.

그러나 사실상 감정의 회로가 단순한 사람일수록 감성지능이 낮다.

예를 들어보자. 사람들은 모두 '절망'이라는 감정을 싫어한다. 마음을 따뜻하게 해주는 격려의 글을 봐도 '당신의 인생을 살면서 절망하지 말라'는 말이 밥 먹듯이 등장한다.

하지만 사실 '절망'의 감정은 매우 쓸모가 있다. 어떤 사람이나 일에 대한 기대를 낮춰주고, 최악의 시나리오로 혹시라도 벌어질지 모르는 최악의 상황에 대비할 수 있도록 도와주기 때문이다.

한번은 우수논문 심사에서 가장 많은 표를 받고도 득표수가 얼마 되지 않는 학술계의 기존 거장에게 1위를 빼앗기고 2위로 밀려난 적이 있었다. 이에 한 선배는 내게 전화를 걸어 이렇게 위로했다.

"앞으로 또 기회가 있을 테니 너무 서운해하지 마. 다들 네가 일등인 거 알면 됐지, 뭐."

당시 나는 서운한 감정이 전혀 없었기에 그냥 웃어넘길 수 있었다. 왜냐? 나는 절망했기 때문이다! 불공정함이 빤히 보이는 상황이지만 나는 여전히 2등이고, 1등은 이미 화려한 이력을 가진 그의 차지였기 때문이다! 나는 '절망'했기에 무의미한 걱정의 늪에 빠지지 않았다.

사실 사람이 '절망감'을 느낄 때 상처를 받는 이유는 '절망'의 감정 그 자체 때문이 아니라 절망감 이후에 따라오는 생각들, 예컨대 자신이 더 많은 시간과 더 많은 힘을 잃을까 봐 걱정하는 마음 때문이다. 그러니 절망감이 들 때는 자신에게 '임전무퇴' 같은 좋은 꼬리표를 달아보자.

더우반에서 평점 9.1점을 기록한 한국 드라마 〈미스티〉를 보면 이런 내레이션이 나온다.

"살면서 이런 막다른 곳에 몇 번이나 부딪혀봤다. 더 이상 앞으로 나아갈 수도 없고, 물러설 수도 없는 상황. 그런 상황에서 나는 단 한 번도 도망친 적이 없다. 무조건 정면 돌파. 내가 부서지든가, 네가 부서지든가."

주인공 고혜란이 한 이 말은 '절망'의 새로운 기능을 보여준다. 바로 사람은 절망의 순간 자신의 한계를 깨고 평소와는 다른 내가 될 수 있다는 것이다.

03

모든 감정에는 나름의 가치가 있다. 그 때문에 끊임없이 총알을 다듬고, 치수와 강도를 조정하듯 세심하게 우리의 감정을 다뤄야 정확하게 역경을 돌파할 수 있다.

원시적인 감정을 그대로 표출한다면 그것이 긍정적이든 부정적이든 상관없이 무기 자체, 즉 우리의 몸만 상하는 꼴이 된다.

감정조절이라는 행위 자체에는 자신의 현재 감정을 되돌아보고, 언어로 이를 표현하는 등의 인지적 자원이 필요하다. 그러나 이를 조절하는 과정은 자동화되고 습관화된 과정이라고 할 수 있다.

한 사람에게 감정을 재평가하고, 최종적으로 전방위의 입체적 사고를 하는 구조가 형성되었을 때, 피실험자의 반응 속도와 효율이 크게 상승했다는 사실은 연구 결과로도 입증된 바이다.

예컨대 사마의는 임직 초기 가족이 잡혀가자 여기저기에 도움을 구하러 다녔다. 당시의 그는 억울함과 두려움에 사로잡혀 있었다. 줄곧 그를 등용하려 했던 순욱은 더 이상 그의 이런 모습을 지켜보지 못하고 성을 내며 꾸짖었다.

"조조의 결정을 바꿀 수 있는 건 증거도, 당신의 희생도 아닌 상황이오! 가족을 구명하고 싶다면 상황을 잘 살핀 후 기세를 돋워야 하오."

그 후 사마의는 가족에게 일이 닥칠 때마다 아들에게 '위험할수록 냉정해져야 한다'고 말했다. 순욱의 한마디에 어떻게 해야 난국을 헤쳐 나아갈 수 있는지를 깨달은 것이다.

이처럼 내적 감정조절이 자동으로 이루어지게 되면 더 이상 감정을 참고, 억누를 필요가 없어진다.

최신 심리학 연구 결과에 따르면 내적 감정조절 시스템의 이상으로 우울증, 분노조절장애, 충동조절장애가 초래된다고 하는데, 이는 감정회로에 교란이 생겼기 때문이다.

사람에게는 감정이 있고, 감정은 밖으로 표출되어야 맞지만, 덮어놓고 발산하기만 하는 것은 시간 낭비다. 우리는 감정이 생기는 것을 부정할 수 없고, 감정의 엄습을 막을 수도 없다. 이에 우리가 할 수 있는 유일한 일은 감정이 제 갈 길을 가도록 하는 것뿐이다.

나를 차단한 사람이
공간을 차지하게 두지 말라

01 _____

어느 날 '타오즈'라는 ID를 사용하는 네티즌 하나가 내게 친구 신청을 했다. 그녀는 나의 글을 좋아하는 열렬한 팬이라고 밝혔고, 나는 당연히 그녀의 친구 신청을 수락했다.

친구가 된 후 그녀는 연신 감격의 이모티콘을 보내더니 자신의 이야기를 꺼내놓기 시작했다. 대학에 진학하고 갈수록 친구가 줄어들어 걱정인 모양이었다. 나는 그런 그녀에게 조언을 건넸고, 그녀는 매우 기뻐하며 이번 생에 자신의 롤 모델이 바로 나라고 말했다.

몇 달이 지나고 타오즈가 '보고 싶어요'로 시작하는 장문의 메시지를 보내왔다. 순간 나의 머릿속에는 스타 작가와 방황하는 소녀가 서로를 알아가며 사랑에 빠지는 막장 드라마가 펼쳐졌다. 하지만 아쉽게도 이런 나의 꿈은 산산조각이 났다. 뒤이은 내용이 이랬기 때문이다.

'당신의 마음속에서 내가 어떤 존재인지를 알 수 있게 럭키머니를 보내주세요.

2.2 함께 즐기는 사이

5.2 친한 친구

8.8 마음 깊은 곳에 자리한 사람

13.14 내 평생을 함께할 사람

33.44 영원한 연인

······ (이하 생략)

럭키머니를 보내면 나도 내가 당신을 어떻게 생각하는지 알려드릴게요.'

타오즈의 메시지는 먹음직스러워 보이지만 막상 한입 물면 '구린' 맛이 나는 케이크 같았다. 물론 나는 이것이 단체 발송 메시지임을 알고 있었고, 웬만하면 그녀의 장단에 맞춰주고 싶었지만 그럴 수가 없었다. 아무리 생각해도 그녀는 내게 그저 독자일 뿐이었기 때문이다.

그리하여 나는 럭키머니를 보내는 대신 그녀에게 물었다. 당신의 롤 모델이라는 나에게 당신은 얼마를 보내겠느냐고.

타오즈에게 돌아온 답은 간단명료했다. 그녀는 더없는 진심으로 내게 물었다.

'누구세요?'

1인 미디어 크리에이터에게 팬이 돌아서는 일은 지극히 흔한 일이기에 나는 그러려니 하며 그녀의 메시지에 답을 하지 않았다.

그런데 또 한 달이 지나고 타오즈가 다시 내게 메시지를 보내왔다. 그 내용은 이랬다.

'나를 차단한 사람이 나의 공간을 차지하게 두지 말고 당신도 정리해보세요. 방법은 간단합니다. 먼저 이 메시지를 복사하세요. 그런 다음 위챗 설정에서 일반-단체 메시지 도우미를 찾아 전체 선택을 터치한 후, 복사한 메시지 붙여 넣기를 해서 보내기만 하면 됩니다. 이때 친구의 이름이 다른 색으로 변했다면 나를 차단한 좀비 팬 (페이크 팔로워)이라는 뜻이니 주저 말고 친구 목록에서 삭제하세요!'

'가장 닮고 싶은 사람'이라더니 이제는 '좀비 팬' 취급을 당하는 건가 싶었다. 아마도 타오즈의 모멘트에 생화학 위기가 발생해 도처에 '좀비'가 출현한 모양이었다. 이렇게나 험악한 상황에 내가 그녀의 소중한 스마트폰 공간을 계속 차지하고 있기도 좀 그런 것 같아서 나는 조용히 친구 목록에서 타오즈를 삭제했다.

그때만 해도 나는 언젠가 그녀가 나의 존재를 떠올려 다시 나를 친구로 추가하길 바랐지만 끝내 나의 바람은 물거품이 되었다.

하지만 나는 타오즈에게 알려주지 않을 것이다. 단체 메시지를 보낸다고 해서 나를 차단한 친구를 확인할 수 있는 것은 아니라는 사실을 말이다. 그렇다. 단체 메시지를 보내도 아무개에게 메시지 전송이 실패했으니 다시 확인하라거나 상대를 삭제하라는 결과 메시지는 뜨지 않는다.

QQ(중국에서 개발한 인스턴트 메신저)에서는 내가 누군가를 삭제하면 그의 친구 목록에서 나의 이름이 사라지는데, 위챗에는 왜 이런 기능을 설정해두지 않은 건지 모르겠다. 그러나 개인적인 생각으로는 번거로워서라기보다 나를 차단한 이들이 스마트폰 저장 공간에서 실질적으로 차지하는 용량이 얼마 되지 않기 때문이라고 본다. 정작 그들이 가장 많은 공간을 차지하고 있는 곳은 우리의 마음속 공간이 아닐까?

02

단체 메시지로 상대를 시험에 들게 하는 사람은 물정 모르는 이가 분명하다. 그렇지 않다면 그이는 곧 깨닫게 될 것이다. 인간관계란 인간의 본성과 같아서 테스트의 끝에는 결국 절망이라는 결과가 돌아올 뿐이라는 사실을 말이다.

우스갯소리 중에 이런 이야기가 있다.

한 가족이 예비 데릴사위의 애정도를 테스트하기 위해 미모의 처제를 앞세워 예비 형부를 유혹하도록 했다. 처제는 형부를 잠자리로 초대하는 척했고, 이에 형부는 말없이 집을 나섰다. 집 앞에 있던 아내는 이러한 결과에 감동의 눈물을 흘렸다. 그러나 그녀의 온 가족이 예비 사위의 성품을 칭찬하며 그를 자랑스럽게 여길 때, 그는 속으로 생각했다.

'역시 콘돔은 차에다 두는 게 중요하군!'

내가 이 남성의 입장이었다면 운이 좋았다고 우쭐하는 대신 다음 날 바로 파혼을 선언했을 것이다. 이 가족의 계획적인 함정 파기가 결국 불행한 결혼생활의 씨앗이 될 것이기 때문이다.

요즘 웨이보에는 미남미녀를 앞세워 연인의 사랑을 시험해주겠다는 비즈니스까지 등장했는데, 이를 사용하려는 사람들이 쉽게 간과하는 사실이 있다. 바로 테스트 결과가 어떻든 상관없이 테스트하는 그 자체가 두 사람의 관계를 망쳐놓는다는 것이다.

마찬가지로 위와 같이 단체 메시지를 보내는 건 상대에게 노골적으로 '너 나 차단했어? 네가 날 차단하면, 나도 바로 널 친구 목록에서 삭제할 거야' 하는 선전포고를 날리는 셈이다. 애초에 나를 차단하지 않았던 친구도 이런 시험에 들면 '차라리 너를 친구 목록에서 삭제하고 말지' 하는 독한 마음을 먹게 될 수 있다는 뜻이다.

친구를 시험하는 것 자체가 매우 불친절한 행동임은 물론이다. 모든 인간관계에는 존중과 이끎이 필요하다. 이렇게 고심하며 만들어낸 관계는 그 선을 넘지 않는 한 서로를 위한 가치를 만들어낸다.

개개인이 정상적인 사고방식을 가지고 존엄하게 살 수 있도록 기본적인 사회 안전망을 구축하고, 함께 성장할 길을 보장하는 것이 빈곤 사회에서 벗어나기 위한 가장 합리적인 방법이듯 말이다.

일부러 어느 한 곳에 구멍을 내어 인간의 욕망을 끄집어낸 후 이를 도덕과 함께 저울에 올려놓고 저울질해봤자 돌아오는 결과는 참담할 뿐이다.

인간의 본성이라는 것이 그러하고, 인간관계 또한 마찬가지다. 그러니 쉽게 남의 인격을 의심하지 말고, 자신의 식견을 과신하지도 말아야 한다.

일명 '친구테스트'에는 메시지를 보내는 사람의 열등감이 반영되어 있기도 하다. '내겐 이미 친구가 없으니, 나를 차단(혹은 삭제)하지 말아줄래?'라는 모종의 독백이 담겨 있는 셈이다.

사회학자들은 인간관계를 크게 두 종류로 나눈다. 그중 피로 이어진 가족이나 친척, 대대로 친분이 유지된 집안, 생사를 함께한 전우 등을 '강한 연결관계'라고 표현하는데, 이러한 관계에는 별도의 검증이 필요하지 않다. 상대를 속속들이 이해하는 만큼 누가 믿을 만한 사람인지 누구보다 당사자가 잘 알고 있기 때문이다.

한편 SNS를 통해 알게 된 친구를 '약한 연결관계'라고 표현한다. SNS 친구 중에는 안면만 튼 사이이거나 심지어 한 번도 본 적 없는 친구들이 많아 관계가 설익은 만큼 전반적으로 관계의 끈끈함이 덜하다.

잘하면 지인으로 발전할 수 있지만, 잘못하면 그냥 남으로 전락할 수 있는 민감하고도 미묘한 관계가 바로 이 약한 연결관계라는 소리다. 따라서 섣부른 테스트는 금물이다. 작은 생각의 차이나 취향의 차이로도 얼마든지 상대를 차단하거나 절교에 이를 수 있기 때문이다.

물론 잘 몰라서 시험해보고 싶은 마음은 이해한다. 그러나 이러한 테스트로는 상대의 마음속에서 자신이 어떠한 존재인지를 확인할 수 없다. 자신이 원하는 친밀한 관계를 점점 더 요원하게 할 뿐이다.

테스트 결과가 단 두 가지일 테니 말이다. 첫째, 상대가 진즉 나를 차단했다는 사실을 확인하고 마음이 상하거나 둘째, 아직 나를 차단하지는 않았지만 이제 나를 차단할 이유를 제공한 셈이 되거나!

친구를 시험에 들게 하길 좋아하는 사람들에게 이런 말을 해주고 싶다.

"너는 테스트용 단체 메시지를 보낼 때나 나라는 존재를 떠올리는구나? 나는 조금이라도 더 너를 이해하고 싶은 마음에 매일 너의 모멘트를 확인하며 너와 둘도 없는 친구가 되길 바랐는데, 네게 나는 그저 너의 친구 목록을 차지하고 있는 썩은 프로필에 지나지 않았구나!"

그럼에도 굳이 테스트해야겠다면 방법이 있다. 상대가 마음의 준비라도 할 수 있게 한두 마디 정도는 대화를 나누고 시작하는 것이다. 이것도 도저히 못 하겠다면 럭키머니를 보내는 것도 한 방법이다!

사람은 누구나 나를 좋아해주는 사람을 좋아한다. 다른 사람에게 버려질까 봐 두려워하는 사람은 결국 버림받게 되어 있다.

04 ____

프랑스의 소설가이자 음악사학자 로맹 롤랑(Romain Rolland)은 삶의 진면목을 똑똑히 보고도 여전히 삶을 사랑하는 것이야말로 이 세상에 존재하는 단 하나의 영웅주의라고 말했다. 그런데 그가 말한 삶의 진면목 중의 하나가 바로 살면서 나를 좋아해주는 사람이 실은 그리 많이 필요하지 않다는 것이다. 정말로 마음이 단단한 사람은 누군가가 나를 차단했다고 해서 자기 가치감을 잃지 않는다.

다른 사람이 나를 차단했다면 분명 그 나름의 이유가 있을 테고, 아마 열에 아홉은 그에게 더 이상 내가 가치 있는 존재가 아니기 때문이겠지만, 그렇다고 해서 나 자체가 가치 없는 존재라는 뜻은 아니다. 사실상 정말로 가치 있는 것들은 남에게 쉽사리 허락되지 않는 법이다.

그러니 단체 메시지로 상대의 마음을 시험하려는 비정상적인 행동은 삼가라. 누군가에게 차단당할까 봐 두려워 바보 같은 짓을 하느니 차라리 대담하게 이 세상과 '관계'를 맺어라. 날이 밝아오길 마냥 기다릴 필요 없이 반딧불이처럼 어둠 속에서 작은 빛을 내어보는 것이다.

끊임없이 사랑해야 할 뿐 사랑을 찾아 헤맬 필요는 없으며, 그저 행동해야 할 뿐 성공해야 할 필요도 없다. 필사적으로 강해져야 할 필요는 더더욱 없다. 그저 끊임없이 성장한다면 그뿐이다.

그렇게 언젠가 남의 환심을 사지 않아도 괜찮은 날이 오면 SNS에서 당신을 차단하려는 사람들이 잔뜩 있어도 당신은 끊임없이 사람들과 관계를 맺으며 지낼 수 있게 될 것이다. 나는 당신이 이 세상의 영웅이 될 거라고 믿어 의심치 않는다.

누군가에게 차단당할까 봐 두려워 바보 같은 짓을 하느니
차라리 대담하게 이 세상과 '관계'를 맺어라.

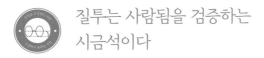

질투는 사람됨을 검증하는 시금석이다

01

모 초등학교 3학년 학부모의 그룹채팅 내용을 캡처한 사진이 인터넷을 뜨겁게 달군 적이 있다.

사건은 일부 학부모가 어느 돈 많은 부모가 슈퍼카로 아이를 등하교시키는 것을 문제 삼으면서 시작되었다. 일부 학부모가 말하길, 다른 아이들의 비교심리를 부추길 수 있다는 것이었다.

담임 선생님은 그룹채팅을 통해 이러한 의견을 해당 학부모에게 전달했고, 다른 학부모들은 이때다 싶어 한마디씩 거들었다. 아무리 가진 게 많아도 좀 겸손해야 하는 것 아니냐, 기껏해야 아이를 등하교시키는데 평범한 차면 충분하다. 그렇다고 돈 많다는 사실이 변하는 것도 아니지 않느냐 등등…….

그러자 해당 학부모는 조목조목 따져 말했다.

'남의 돈을 훔치거나 갈취해서 번 것도 아니고, 내가 내 힘들여 번 돈으로 아이에게 최고만 주고 싶다는데 그게 뭐가 잘못된 일입니

까? 게다가 당신들 얄팍한 자존심이나 지켜주자고 있는 돈 놔두고 평범한 자동차를 사고 싶지는 않네요.'

그러자 그에게 생각지도 못한 일이 벌어졌다. 그가 이 말을 마치기 무섭게 그룹채팅 개설자로부터 일명 '강퇴'를 당한 것이다. 순간 그의 입에서는 많은 네티즌과 같은 마음의 소리가 터져 나왔다고 한다.

'제정신인가!'

내 관점대로라면 이는 정말 제정신이 아니다. 배알이 꼴린 사람들의 뒤틀린 질투랄까. 사실, '질투'라고 하면 사람들은 으레 주유가 제갈량을 질투하다 화병으로 숨을 거뒀다는 이야기를 예로 들며 이를 최악의 감정으로 치부한다. 이 이야기가 역사적 사실에 부합하든 않든, 성숙한 사람이라면 질투도 하지 않고, 모든 일에 쿨해야 할 것처럼 말이다.

그러나 나는 남들과 달리 감정이나 에너지에 좋고 나쁨이나 플러스, 마이너스가 따로 없다고 생각한다. 감정은 그저 전령사에 지나지 않기 때문이다. 정말 우리의 삶을 엉망으로 만드는 것은 부정적인 감정이 아니라 부정적인 감정에 대한 이해가 부족한 우리 자신이다. 무턱대고 감정을 끊어내는 행동은 전령사의 목을 베는 것이나 진배없다.

다만 안타까운 점은 이 전령사가 보통 고집스러운 게 아니라서 어떻게 해서든 제 역할을 해내고 만다는 사실이다. 표면의식을 억누르면 그는 잠재의식에 침투해 끝내 우리의 머릿속을 어지럽혀 놓는다.

따라서 질투심을 버리는 일은 더러운 물을 보고 이 물을 버리려다 그 안에서 목욕하던 아기까지 함께 내버리는 것과 같다. 자신을 망치는 일이나 다름없다는 뜻이다.

질투는 우리가 진짜로 원하는 게 무엇인지를 일깨워주는 매우 중요한 감정이다.

인간은 참 이상하고도 복잡한 생물이라 자신이 정말 갖고 싶지만 손에 넣을 수 없는 무엇인가가 생겼을 때, 이러한 사실을 회피하고 왜곡한다. 심지어 그것도 모자라 자신의 생각이나 행동을 정당화하며 내적 욕구를 없애려 하기도 한다.

예컨대 우리는 돈을 갖길 원하지만 이를 갖지 못할 때, 돈으로는 모든 행복을 살 수 없다고 자기 자신을 다독인다. 물론 이 말이 틀린 말은 아니지만 한 가지 우리가 부정할 수 없는 사실이 있다. 바로 돈이 있으면 돈이 없는 것보다 훨씬 행복할 때가 많다는 사실이다.

그렇다고 이러한 현실 도피가 완전히 무의미한 것도 아니다. 욕망을 억누름으로써 잠깐 자기 가치를 유지할 수 있기 때문이다. 그러나 현실 도피라는 카드를 너무 오랫동안 사용하다 보면 자신이 원하는 것을 쟁취하는 일을 차일피일 미루며 그저 제자리에서 조금씩 힘을 잃어가는 자신을 바라볼 수밖에 없게 된다.

내가 항상 학생들에게 "무능한 삶을 평범하고 소중하다 자기 위안 삼는 것처럼 무서운 일은 없다"라고 말하는 이유도 바로 여기에 있다.

그러나 교육과 심리학을 총동원해도 이미 오랫동안 고집해온 '현상 유지 최고론'을 바꿀 수 없을 때 감정의 최종병기인 질투가 등판한다. 질투는 허기를 느끼게 하고, 결국 먹잇감을 찾아 나서게 만든다. 그리고 그렇게 찾은 먹잇감을 끝까지 물고 늘어지도록 만든다.

02

긍정적인 감정이든 부정적인 감정이든 모든 감정은 '양날의 검'과 같다.

질투도 마찬가지다. 우리 내면의 진실한 욕망을 일깨워 질투의 대상을 따라잡고야 말겠다는 꿈을 꾸게 하고, 이 꿈을 실현하기 위해 끊임없이 우리를 채찍질하는 반면, 나와 전혀 상관없는 사람에 대한 적개심을 불러일으키기도 한다. 내가 갖고 싶었지만 가질 수 없었던 무언가를 상대방이 가지고 있다는 이유만으로 그를 공격해 그의 가치를 박탈하고 싶어지는 것이다. 그런다고 해서 그 가치가 나에게로 옮겨지는 것은 아니지만, 적어도 자신의 심적 가치는 지킬 수 있으니 말이다.

심리학자들은 전자처럼 건설적인 질투를 '선의의 질투', 후자처럼 공격적인 질투를 '악의적 질투'라고 부른다.

심리학자 토마스 블라스(Thomas Blass), 버터필드(Butterfield) 등이 여러 연구 조사를 거쳐 발견한 바에 따르면 일상생활에서 선의의 질투를 좀 더 잘 활용할 줄 아는 사람이 더 높은 사회적 지위와 부를 획득한 것으로 나타났다.

'슈퍼카로 아이를 등하교시키다 그룹 채팅방에서 쫓겨난 학부모' 사건에서 다른 학부모와 교사가 슈퍼카를 모는 학부모에게 수준 맞추기를 강요한 진짜 이유는 해당 행동이 아이들의 비교심리를 부추길 수 있어서가 아니었다. 그저 아이들 앞에서 또다시 체면을 구기고 싶지 않은, 그들의 자존심을 지키기 위해서였다.

어떤 네티즌의 말마따나 슈퍼카를 모는 학부모가 잘못한 게 맞다. 애초에 자신의 인식수준이나 지위에 맞지 않은 학교를 선택했으니까.

옛 명언 중에 잘사는 사람일수록 서로의 성취를 돕고, 못사는 사람일수록 서로를 짓밟으려 한다는 말이 있다. 이를 심리학적으로 해석하면 난사람들은 보편적으로 '선의의 질투'를 하고, 그 외의 사람들은 '악의적 질투'를 한다고 볼 수 있다.

주변 사람에게 남보다 뛰어난 점을 발견했을 때 난사람들은 즉시 그를 포용해 함께 외부 세력을 배척하고 자신들의 진지를 공고히 하는 반면, 어리석은 사람들은 그를 짓밟아 죽이지 못해 안달이라는 뜻이다.

왜냐? 내가 가지지 못한 것은 남도 가져서는 안 되기 때문이다. 심리학자들은 '선의의 질투'를 하느냐, '악의적 질투'를 하느냐를 가르는 중요한 열쇠가 바로 자기평가에 있다고 본다.

자신이 더 훌륭한 사람이 될 수 있다고 믿는 사람은 선의의 질투를 하는 경향이 있고, 자신을 그냥 그렇고 그런 사람으로 생각하는 사람은 악의적 질투를 하는 경향을 보인다는 것이다.

참고로 나는 전문대학의 심리학 교수로서 즈후에 많은 글을 게재한 바 있다. 그런데 30만에 육박하는 누적 팔로워를 얻고 나자 '○○파'의 비판 공세가 날아들었다. 내 글에 학문적 지식이 부족하다면서 말이다.

그러나 나는 본교 동문들에 대한 '○○파'의 관심과 높은 평가에 감사했다. 내가 보기엔 그들이나 나나 상대의 글을 제대로 이해하지 못한 것 같기는 하지만, 어쨌든 그들은 진심으로 자신들에게 재능이 있다고 믿고 또 최선을 다해 자기 단체를 지키려고 노력했으니까 말이다.

자신이 정말 재능 있는 사람이라고 생각한다면 용의 꼬리가 될지언정 뱀의 머리는 되지 말라. 용이냐 뱀이냐에 따라 질투심을 대하는 태도가 극과 극으로 갈릴 테니 말이다.

03

《소오강호》에서 영호충은 단 한 번도 임평지에게 죄를 지은 적이 없으며 '피사검보'에는 더더욱 관심이 없었다. 그가 가장 사랑하는 소사매를 임평지에게 빼앗겼음에도 말이다. 그러나 임평지는 영호충을 죽도록 미워했다. 질투에 눈이 멀어서다! 그런 임평지는 이런 말을 하기도 했다.

"영호충, 강호를 호령하며 마음껏 날뛰더니 결국 오늘 내 손에 죽겠구나, 하하하!"

물론 결과는 다들 알다시피 한 명은 모든 것을 잃은 채 비참한 죽음을 맞이하고, 다른 한 명은 무림의 맹주가 되어 뭇 여성의 흠모 대상이 된다.

왜냐? '체면'이라는 문제에 대한 두 사람의 생각이 전혀 달랐기 때문이다.

영호충이 동방불패를 물리친 후 동방불패는 말했다.

"영호충, 네 검법이 매우 뛰어나기는 하나 너 혼자 힘으로는 어림도 없었을 거다."

이에 영호충은 이렇게 대꾸했다.

"맞아. 사실 네가 그 양가 녀석을 신경 쓰느라 한눈팔려 다치지 않았다면, 우리 네 사람이 협공해도 너를 이기기에는 역부족이었겠지. 과연 '천하제일'이라는 명성에 부끄럽지 않은 실력이군. 정말 대단해."

그러자 동방불패는 옅은 미소를 띠며 말했다.

"그런 말을 할 줄도 알고, 과연 사내대장부다운 기개야."

반면 임평지는 어떤 적을 물리치든 이렇게 말했다.

"○○○, 네 ○○○○이 어찌 우리 가문의 피사검법에 비할 수 있겠느냐?"

이렇듯 영호충에게 다른 사람들의 평가는 전혀 중요한 문제가 아니었다. 남들이 자신을 어떻게 평가하든 그는 상대를 존중하고 높이 평가할 줄 알았다. 그에 반해 임평지는 자기중심적일 뿐만 아니라 거만하기까지 하여 온 무림이 자신을 떠받들기를 원했다.

심리학적으로 해석하자면 영호충은 내적 평가 기제를 지녀 외부적인 평가에 자기 가치가 흔들리지 않는 사람인 반면, 임평지는 외부의 평가에 목말라하는 약한 자아의 소유자라고 할 수 있다.

심리학자 맨프레드 케츠 드 브리스(Manfred F. R. Kets de Vries)의 연구 결과에 따르면 서로 다른 질투 기제를 작동시키는 열쇠가 바로 '체면 기제'인데, 외부의 평가를 중시하는 사람은 '악의적 질투'를 하기 쉽다고 한다.

자고로 심성이 운명을 결정한다고 했는데, 실은 감정을 처리하는 방식이 운명을 결정하는 셈이다.

질투는 개인의 성숙함을 평가하는 '시금석'이다. 정말로 성숙한 사람에게 질투는 눈에 보이는 등대와 같지만, 옹졸한 사람에게 질투는 마음속에 감춰두고 언제든 각성시킬 악마와 같다. 그렇기에 감정이라는 '양날의 검'은 잘 활용해야 한다!

감성지능이 높다는 것은
다른 사람을 생각할 줄 안다는 뜻이다

'제 위치에 맞는 덕을 갖추지 못하면 반드시 화가 닥친다.'

많은 이가 이 말로부터 '숙명론'을 떠올린다. 즉, 덕행이 좋지 않은 사람이 높은 자리에 오르면 하늘이 벌을 내리게 마련이라는 뜻으로 이해한다는 소리다. 그러나 사실 이는 엄연히 과학적 근거가 있는 말이다. 이를 사회심리학적 관점으로 해석해보자.

'덕(德)'이란 무엇인가?

덕은 본래 '일(日), 월(月)과 금(金)·목(木)·수(水)·화(火)·토(土) 다섯별의 운행'을 뜻하는 말이었는데, 이후 자연과 사회, 인류의 객관적 법칙을 따라 일을 행한다는 의미로 확장되었다.

노자는 고정관념이나 아집 없이 백성의 마음을 그 마음으로 삼는 것(聖人無常心, 以百姓心爲心)이야 말로 '선덕(善德)'이라고 보았다.

소위 '덕행'의 관건은 적당한 때 적당한 관계에서 적당한 말을 하고 적당한 일을 행하는 데 있는데, 여기서 적당함이란 타인의 느낌과 동기에 의해 결정된다.

한편 '덕이 제 위치에 맞지 않는다'는 말은 현재 가지고 있는 비교적 높은 사회적 지위에 꼭 필요한 사회적 관계에 대처하기엔 그 사람의 사회 적응력이 부족함을 뜻한다. 이런 사람이 높은 지위를 얻을 수 있었던 데는 외부적인 힘이 작용한 경우가 대부분이다. 그러나 일단 사회적 관계가 무너지면 외부적 힘이 아무리 강해도 그를 구제할 수 없다.

'21세기 사회학의 창시자'라 불리는 사회심리학자 찰스 틸리(Charles Tilly)도 이렇게 논단했다.

'우리의 미시적인 사교적 행위가 전체 사회의 시스템을 구성한다. 복잡하고 변화무쌍한 사회적 관계 속에서 상대의 의도를 정확하게 이해하지 못해 올바른 상호작용을 하지 못한다면, 비단 그의 사회적 관계가 무너질 뿐만 아니라(이미지 붕괴) 그 배후의 사회조직도 와해될 가능성이 있다. 인간에게 이러한 일이 벌어지는 이유는 수련이 부족하기 때문이다.'

02

찰스 틸리는 그의 저서 《왜?》에서 대인 상호작용의 네 가지 기본 틀로, 관례·예시·규범·전문적 설명을 제시했다.

여기서 관례란 "식사하셨어요?" 같은 일반적인 안부 인사를 뜻한다. 관례에는 실질적인 의미가 없는 만큼 우리의 인생에 크게 영향을 주지 않기 때문에 여기서는 자세히 언급하지 않도록 하겠다.

반면 예시와 규범, 전문적 설명을 정확하게 활용할 줄 아느냐의 여부는 그 사람의 기본적인 감성지능이 어느 정도인지를 파악할 요소가 된다.

어느 날, 자폐증이 있는 듯한 중학생의 가족이 내게 상담하러 왔다고 가정해보자. 학생에게 문제가 있는 이유가 가정환경에 있다고 추측되는 상황에서 학생의 어머니가 이렇게 물었다.

"아이가 앞으로 나아질 가망이 있을까요?"

나는 이렇게 답했다.

"제 사촌 동생도 예전엔 학생과 비슷했는데 부모님이 그와의 소통 방식을 달리한 후로 조금씩 성격이 밝아져서 지금은 부동산 중개업자로 일하고 있어요!"

이 대화에서 내가 사용한 방법이 바로 스토리텔링법이라고도 하는 예시다. 예시의 키포인트는 상대가 그 내막을 알 수 있도록 이해하기 쉬운 이야기나 사례를 드는 데 있다.

학생의 아버지는 아이가 대체 내게 무슨 말을 한 건지 알려줄 수 없겠느냐고 물었고, 나는 답했다.

"심리상담가로서 규정상 비밀을 지킬 의무가 있어서요. 학생이 제게 한 이야기는 알려드릴 수 없습니다. 이를 위반하면 제 자격이 취소되거든요."

이러한 방법을 규범이라고 한다. 규범의 키포인트는 자기 행동에 정당성을 부여하는 데 있다. 권위 있는 규정으로 나의 설명을 쉽게 받아들이지 못하는 사람들을 상대하는 것이다.

규정이라는 말을 듣고 학생의 아버지는 더 이상 말을 하지 않았다.

마지막으로 학생의 삼촌이 끼어들어 공손한 말투로 내게 물었다.

"그동안 아이를 데리고 여러 의사 선생님을 만나봤거든요. 그런데 다들 아이에게 약을 처방해주던데, 선생님은 왜 약을 처방해주지 않으시는 거죠?"

나는 이 삼촌에게 말했다.

"첫째, 아이 자체에 기질성 문제가 없고, 둘째, 아이의 모든 이상행동에는 명확한 원인이 있으니까요. 그리고 마지막으로 심리상담가에게는 처방권이 없습니다."

이러한 방법을 전문적 설명이라고 한다. 전문적 설명을 할 때는 전문 용어 사용이 필수인데, 여기에는 나에 대한 비전문가들의 의심을 거두는 데 그 목적이 있다.

물론 전문적 설명을 할 때는 정확성과 엄밀함을 기해야 한다. 상대가 이해하지 못할 때는 좀 더 통속적인 표현으로 설명을 달리할 수 있다. 이렇게 하면 나에 대한 상대의 근본적인 의심을 거둬낼 수 있다.

똑같은 상황에서 내가 마구잡이식으로 대답한다면 어떻게 될까? "아이가 앞으로 나아질 가망이 있을까요?" 하는 어머니의 질문에 규범을 운운하며 이렇게 말했다면?

"죄송합니다. 아이의 상황을 철저히 파악하기 전에는 함부로 꼬리표를 붙일 수 없어서요. 결론적인 답변을 드리기가 어렵습니다!"

학생의 어머니는 분명 '아이에게 정말 가망이 없는가 보다' 하고 생각할 것이다.

한편 "아이가 선생님에게 무슨 이야기를 하던가요?" 하는 아버지의 질문에 전문적 설명으로 이렇게 응수했다면?

"심리상담에는 신뢰가 관건입니다. 신뢰가 깨지면 상담관계도 무너지기 때문이지요. 그런데 제가 아이가 한 이야기를 누설한다면, 아이는 저를 경계하게 될 테고 결국 마음을 털어놓지 않으려 할 겁니다."

학생의 아버지는 감정이 상해 이렇게 말했을 것이다.

"선생님이 말한 걸 아이에게는 비밀로 하면 되지 않습니까!"

그러면 나는 다시 마이너스 요소들을 늘어놓게 되고, 끝내 학생의 아버지는 내가 핑계를 대고 있다고 생각하며 나에 대한 믿음을 잃게 되었을 것이다.

마지막으로 왜 아이에게 약을 처방해주지 않느냐는 삼촌의 질문에 예시법을 사용해 이렇게 말했다면?

"저에게 사촌 동생이 있는데, 제 사촌 동생도 약을 먹지 않고 좋아졌거든요. 이 학생도 이번에는 약을 쓰지 않는 게 좋을 것 같습니다."

믿거나 말거나지만 다음 날 나는 이 가족에게 컴플레인이 걸리거나 고소를 당했을 것이다.

대응 방법을 마구잡이로 사용하면 개인의 사회적 관계가 무너진다. 내가 학생의 어머니에게 예시를 사용한 이유는 질문의 의도가 '상황을 이해'하는 데 있었기 때문이다. 학생의 아버지에게 규범을 이야기하고, 삼촌에게는 전문적 설명을 한 이유도 마찬가지다. 그들의 질문 의도가 각각 '규정 위반'과 '나에 대한 의심'에 있었기 때문이다.

찰스 틸리는 상대의 의도를 이해하려 하지 않고 특정 대응 방법만 지나치게 맹신하는 사람은 언젠가 끝장나게 된다고 보았다.

03

스타 마술사 류첸(劉謙)도 항상 많은 의혹에 시달린다. 마술쇼를 선보일 때마다 마술의 원리며 비밀을 캐내려는 사람들의 질문 세례가 끊이지 않는다. 짜고 치는 고스톱이라는 둥 눈속임이라는 둥……. 그의 마술에 대한 비난과 욕설로 포털 실시간 검색 순위에 오르기도 여러 번이었다. 그럴 때마다 류첸이 의혹을 잠재우는 방법은 간단했다. 그는 이렇게 말했다.

"제 인격은 비판하셔도 괜찮지만 저의 직업적 능력은 의심하지 말아주십시오."

사실 류첸은 전문적으로 자신에 관한 의혹을 설명하기 어려운 입장이었다. 업계 규정상 마술에 사용되는 구체적인 기술은 노출할 수 없었기 때문이다. 그리하여 류첸은 다른 방법으로 자신의 전문성을 설명했다.

"저는 프로 마술사가 되기 위해 심혈을 기울였고, 국제적인 인정도 받았습니다!"

맞는 말이었다. 그는 확실히 FISM(세계에서 가장 권위 있는 국제마술연맹)이 10년에 한 번 수여하는 아시아 마술인상을 수상했다. 얼마나 큰 노력과 에너지를 쏟았기에 10년에 한 번 주어지는 그 묵직한 트로피를 거머쥘 수 있었겠는가.

그는 35년 동안 오직 마술을 위한 길을 걸었다. 지금의 그가 있기까지 마술을 향한 보통 이상의 애정과 집착이 그를 지탱해온 것이다. 그래서 그는 소위 '진상'을 운운하며 그가 35년간 밤낮으로 쏟아온 뜨거운 열정을 부정하려는 사람들의 말을 그냥 참고 넘길 수 없었다.

결과적으로 그의 방법은 옳았고, 그는 많은 사람의 이해를 얻었다. 그렇다면 그가 올바른 대응 방법을 선택할 수 있었던 이유는 무엇일까?

찰스 틸리는 낯선 이를 존중할 줄 아는 사람이 정말로 성숙한 사람이라고 보았다. 누군가가 나라는 사람을 믿게 만들려면 화려한 언변을 갖추는 것보다도 그들과의 관계를 규명하는 일이 무엇보다 중요함을 그들은 알고 있기 때문이다.

남을 생각할 줄 아는 사람이 감성지능이 높은 사람이라고 말하는 이유도 바로 여기에 있다. 찰스 틸리의 말처럼 남들의 '왜?'라는 질문 의도를 이해하려는 마음이 뛰어난 화술보다도 훨씬 중요하다.

사람 대부분은 소통의 기술을 배우는 데 인색하다. 그들은 자신이 오랫동안 고집해온, 혹은 부모로부터 배운 상투적인 방법을 고수하려 한다. 그러나 나는 그들의 마음속에도 사랑은 있다고 믿는다.

사랑을 위해 따스함을 배우고, 사랑을 위해 변화를 익혀보자. 그러면 더 이상 망언을 내뱉어 평생 후회거리를 만들 일은 없을 것이다.

PART
04

친밀한 관계가
사랑과 행복을 불러온다

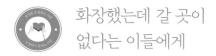

01 _____

밸런타인데이를 앞두고 SNS에 초조한 기운이 살벌하게 감돌았
다. 불과 며칠 전까지만 하더라도 '설 연휴에 대체 몇 킬로그램이나
몸무게가 불었는지 모르겠다', '모 싱어송라이터의 노래가 정말 좋
다'는 등의 내용이 주를 이뤘는데, 단 며칠 사이에 솔로 예찬을 늘어
놓으며 밸런타인데이를 비웃는 글이 심심찮게 올라오기 시작한 것
이다.

자신은 남자 친구가 없다며 연신 셀피를 올리는 여성도 많았다.
물론 사진 속 그녀들은 하나같이 화장을 곱게 하고, 아마도 두 시간
은 족히 보정에 공을 들였을 법한 모습이었다.

이에 대해 줄곧 자신이 '스트레이트(Straight, 이성애자)'임을 표방해
온 한 친구는 말했다.

"셀피로 피드를 도배하는 사람들은 얼른 차단해야겠어. 밥을 먹어
도 셀피, 여행을 가도 셀피, 교통사고를 당하고도 셀피, 정말 너무하

지 않아! 이건 뭐 자기 얼굴이 교통사고 현장도 아니고."

과연 30년간 싱글로 지내온 그다웠다. 아, 그렇다고 그를 걱정할 건 없다. 어쨌든 그도 싱글생활이 습관이 되었으니 말이다.

나는 친구에게 말했다.

"곱게 화장했는데 딱히 약속은 없고, 그렇다고 그냥 화장을 지우자니 공들인 시간이 아깝고. 그럼 셀피라도 찍어야지."

솔직히 내가 정말 하고 싶었던 말은 셀피로 피드를 도배하는 사람들을 차단하느니 차라리 그들과 약속을 잡아보는 게 낫지 않겠느냐는 것이었다. 특히 밸런타인데이처럼 사람의 마음을 뒤숭숭하게 만들 때는 말이다.

참고로 나는 여성과 데이트 약속이 있을 때, 상대 여성이 신경 써서 화장하고 나오면 내가 밥값이나 찻값을 계산하고, 헤어질 때도 꼭 작은 선물을 들려 보낸다. 그날 그녀와 대화가 잘 통했든, 통하지 않았든 상관없이 말이다.

적어도 '아이라이너'와 '컨실러'도 구분할 줄 모르고, '로즈 레드'와 '마젠타'가 뭐가 다른지 전혀 모르는 내 입장에서는 상대 여성이 공들여 화장하고 나왔다는 사실 자체만으로 그녀는 이미 큰 노력을 한 셈이라고 생각하기 때문이다.

밸런타인데이를 앞두고 짝이 없어 외로운 남성들이 있다면 평소 눈여겨보던 여성의 피드에 화장하고 찍은 셀피가 평소보다 많이 올라오기 시작할 때를 공략해보라고 말하고 싶다. 내 나름의 작은 팁인데, 이럴 때 데이트를 신청하면 성공 확률이 높아진다.

그리고 여성들에게는 여신이라 불리는 중국의 한 인플루언서의 말을 전하고 싶다.

"꼭 남자들에게 잘 보이려고 화장을 하고, 셀피를 찍는 건 아니에요. 그보다는 거울을 봤을 때 내 모습이 조금 더 생기 넘쳐 보이길 바라서죠. 그리고 무엇보다 화장하면 억지로라도 외출해요. 너무 집에만 있어도 병이 날 수 있으니까요!"

02

진화심리학에 따르면 인류에 처음부터 '비주얼'이라는 말이 있었던 것은 아니다. 길고 긴 진화 과정에서 신체적 매력, 특히 여성의 신체적 매력에 대한 남성의 선호도가 형성되면서 '비주얼'이라는 말이 생겨난 것이다. 긴 머리나 풍만함과 같은 신체적 매력은 여성의 건강함과 번식 능력을 나타내는 전형적인 신호였기 때문이다.

물론 요즘 남성들은 여성의 성격과 교양을 더 중요하게 생각한다고 하지만, 조상 대대로 이어져 내려온 일종의 본능은 아직도 우리 마음속 깊은 곳에 자리하고 있다. 많은 남성이 여전히 전형적인 'SNS 스타형 얼굴'을 가진 여성들을 선호하는 이유도 바로 이 때문이다.

아마도 여성들은 잘 이해되지 않겠지만 일부 유전자론적 관점에 따르면 남성들은 '전형적인 SNS 스타형 얼굴'을 가진 여성이 다른 여성보다 배고픔을 잘 견뎌 먹어 살리기 편할 거라고 생각한다.

남성들은 화장이 짙은 여성에게 반감이 생긴다며 자신들은 민낯의 여성이 더 좋다고 말한다. 그러나 사실 이는 일종의 자기기만이다. 그들은 민낯의 여성이 아니라 민낯도 예쁜 여성을 좋아하는 것뿐이다.

게다가 남성 대부분이 간과하는 사실이 있다. 여성들의 화장법에는 진한 화장보다도 더 공을 들여야 하는 민낯 같은 화장법이 있다는 사실을 말이다.

물론 남성들은 이해하기 어렵고, 또 이해하고 싶어 하지 않는 사실도 있다. 바로 자신의 기쁨을 위해 화장하는 여성들이 자신을 위해 화장을 해주는 것은 더없이 행복한 일이라는 사실이다.

03

그런데 약속이 없더라도 화장은 해야 할 필요가 있다. 내가 이런 말을 하는 이유는 미국의 심리학 교수 페르마가 아주 절묘한 방법으로 자기표현의 중요성을 깨닫게 해준 적이 있기 때문이다.

하루는 학술강연을 마친 페르마가 내게 전화를 걸어 저녁때 쿤밍에서 가장 핫한 바에 데려가달라고 했다.

"술 한잔하시게요? 그럼 다른 친구들 몇 더 부를까요?"

나의 질문에 그는 말했다.

"아니요, 데이트하러 가는 거니까 우리 둘이 가죠."

'데이트'라는 단어를 듣는 순간 나는 혼란스러웠다. 'Date'가 꼭 그 데이트라는 뜻만 있는 것은 아니지만 부족한 영어 실력에 혹시 내가 잘못 이해한 건 아닌가 싶었다. 하지만 뭐 어떻게 되든지 간에 이 외국인의 꿍꿍이가 무엇인지 한번 가보자는 생각이 들었다. 전화를 끊기 전, 페르마는 좀 더 패셔너블하게 꾸미고 나오라는 말을 남겼다.

이후 캐주얼 차림으로 약속 장소로 향한 한 내 앞에 나이에 어울리지 않게 힙합 룩을 한 페르마가 나타났다. 바로 들어가 술을 한 잔씩 주문한 후 그가 말했다.

"위 선생, 한 시간 동안 여성에게 누가 더 많이 연락처를 받나 내기합시다!"

아니, 나를 얕잡아봐도 정도가 있지. 뚱뚱한 중년의 외국인이 나와 그런 내기를 할 생각을 하다니! 나는 호기롭게 그러자고 대답했지만, 연락처를 물었다가 괜히 얻어맞는 건 아닌지 걱정하며 한참을 쭈뼛대고 나서야 행동에 나서기 시작했다.

그렇게 한 시간 후 나는 두 명에게 연락처를 받았고, 페르마는 다섯 명의 연락처를 손에 넣었다. 나는 그에게 물었다.

"자신감 키워주기 연습 같은 겁니까?"

"No!"

"그럼 제 인간관계를 넓혀주려는 건가요?"

"No!"

"새로운 작업 방법이라도 연구하시는 거예요?"

"No!"

"그럼 대체 뭘 위한 겁니까?"

페르마가 말했다.

"당신이 어떤 사람인지 정확하게 보기 위해서죠!"

04

페르마는 심리학 중에 자신의 할아버지가 제시한 '거울 자아 이론 (Looking-glass Self)'이라는 개념이 있다며 이를 설명하기 시작했다. 그러자 조금 전 그와 이야기를 나눴던 몇몇 여성도 흥미를 보이며 이야기를 듣기 위해 모여들었다.

"일반적인 상황에서 인간은 자아에 높은 관심을 가지지만, 이러한 관심은 자신의 시각에 국한되었기에 맹점이 있게 마련이에요. 한 사람이 자신의 시각을 과신한다면 좋은 자의식을 형성할 수 없고, 더 나아가 자기 행동을 규정할 수도 없죠. 당신의 주변 사람이나 당신과 이해충돌이 있는 사람들이 당신에 대해 가지는 생각에는 그들의 기대가 담겨 있어요. 문제는 이러한 기대에 지나치게 부응하려 하면 자아를 왜곡하게 된다는 점이지요. 하지만 낯선 사람은 달라요. 그들은 자신의 감정을 숨길 필요가 없기에 100% 자신의 느낌을 따르죠. 간단한 예절을 지키는 것 외에는 상대적으로 제약이 적은 편이라 그들이야말로 당신을 비춰줄 최고의 '거울'이라고 할 수 있는 셈이에요. 그 때문에 그들의 눈에서 좀 더 진실한 자신을 발견할 수 있는 거죠."

이후 이어진 대화에서 나는 속으로 몇 번이나 내 뺨을 때렸는지 모른다. 나는 사람을 만날 때마다 내가 대학교수임을 밝혔다. 교수 신분을 밝히면 남들이 나를 존중해줄 것이라고 생각한 거다. 그러나 이는 내가 속으로 얼마나 나 자신을 제한하고 있는가를 보여주는 방증이기도 했다.

페르마는 자신이 교수임에도 낯선 이들에게 자신을 마술사라고 소개하며 여성들의 눈을 보면 그 사람의 별자리를 알아맞힐 수 있다고 말했다. 사실 그의 예측은 빗나가기 일쑤였지만 그래도 여성들은 그에게 호감을 느꼈다.

뒤이어 페르마는 나에게 말했다. '데이트'할 때는 '화장'해야 할 필요가 있다고 말이다. 여기서 '화장'은 얼굴이 아니라 마음에 하는 화장으로 '이상적인 나'를 만드는 과정이 필요하다는 뜻이었다.

그랬다. 화장의 의미는 얼마나 값비싼 화장품을 사용하느냐가 아니라 자기 자신에게 얼마나 많은 기대를 품고 있느냐에 있다. 화장하지 않고 외출을 하는 것이 때로는 소탈함의 표현이 아닌 일종의 자포자기를 의미하기도 한다는 뜻이다.

곱게 화장했는데, 갈 데가 없다고 해도 전혀 걱정할 것 없다. 우리는 모든 순간 이 세계와 데이트 중이기 때문이다. 인생에는 기회가 널려 있기에 우리는 언제나 화장해야 한다. 어느 날 갑자기 우리 앞에 유명 연예인이 나타났을 때, 그가 우리의 민낯에 놀라 자빠지는 일이 없게 하려면 말이다.

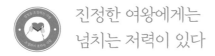

진정한 여왕에게는
넘치는 저력이 있다

01 _____

3월 8일은 세계 여성의 날이다. 중국에서는 '부녀절(婦女節)'이라고 부르는데, 이날만큼 희한한 기념일이 없다. 온갖 매체에서 '부녀절'이라는 세 글자를 볼 수 있을 정도로 대대적인 홍보를 하는 데다 일부 매체에서는 '여왕의 날', '여신의 날', '공주의 날'로 둔갑하기도 하기 때문이다.

참 이상하지 않은가? 중국에서 부녀자란 14세 이상의 여성을 통칭하는 말인데, 마치 이날이면 하늘에 있던 여성들이 단체로 세상에 내려오기라도 한 것처럼 구니까 말이다.

뭐 어떻게 보면 여성들의 성장은 확실히 자연의 이치에 어긋나 있는지도 모른다. 그러니 여중생들이 자신을 '본궁(本宮, 궁의 지주임을 자칭하는 말로, 과거 공주가 성년이 된 후 자신의 궁전을 갖게 되면 본궁이라고 자칭할 수 있었다)'이라 부를 때, 20대 여성들은 하나같이 '애기'를 자칭하는 것이 아닐까?

사실, 따지고 보면 부녀자가 되고 싶어 하지 않는 여성들을 마냥 탓할 수만도 없다. '부녀자'라는 단어에 사회적으로 부정적인 뜻이 덧씌워지고 있기 때문이다. 실제로 부녀자라고 하면 사람들은 으레 '독설'을 퍼붓거나 '오지랖'이 넓은 여성의 이미지를 떠올린다. 원래 부녀자는 현모양처의 이미지로 각인되어 있음에도 요즘 여성들에겐 외면받는 단어가 된 것이다.

한 여성은 내게 이렇게 말했다. 여자는 스물다섯이 넘으면 생일도 몇 년에 한 번씩만 돌아오면 좋겠다는 생각을 하는데, 하물며 듣기만 해도 올드한 느낌이 나는 부녀절은 어떻겠느냐고 말이다. 그런 그녀에게 나는 싼마오가 한 말을 알려주었다.

"무서운 사람이나 두려운 일, 우리를 불안하게 만드는 상황에 부닥쳤을 때, 이러한 감정을 극복할 유일한 방법은 마주하는 것이다."

그렇다면 이제 한 번 더 생각해보자. '영원히 18세 소녀'에 머무르는 것이 당신을 강하게 만들겠는가, 약하게 만들겠는가?

북한의 고위 인사를 암살한 특수요원이 '1988년생의 중년 여성'이라고 묘사되었을 때 SNS의 여성 사용자들은 분통을 터뜨렸다. 자신이 '중년 여성'이라는 꼬리표가 붙을 나이가 되었다고 생각하니 순간 발끈한 것이다.

그녀들은 그 암살 사건이 불러올 일련의 또 다른 사건이나 그 일이 국제정세에 미칠 영향보다도 자신들의 얼굴에 세월이 드리워지는 일을 훨씬 더 심각하게 받아들였다.

그런데 문제는 당대의 언론들 또한 여성들에게 '자신의 세계에서 여왕'이 되어야 한다, 언제나 '아름다움을 유지해야' 한다, 여성이란 '떠받듦을 받는 존재'가 되어야 한다고 부추기며 영원히 뮤직박스 속에서 춤추는 공주로 남아 있기를 권장한다는 것이다.

언론들의 호의는 고맙지만 나는 여성들에게 이렇게 말하고 싶다. 당신이 정말로 벼락을 맞아 신이 된다면 분명 한 가지 사실을 깨닫게 될 텐데, 그것은 바로 사회에 발을 디딘 그 순간부터 세상의 사랑을 온전히 받지는 못할 거라는 점이다.

나에게는 '청년 학자', '베스트셀러 작가', '인플루언서' 등 많은 수식어가 있다. 그러나 내 마음에 꼭 드는 수식어는 단 하나, 바로 '세상을 향해 송곳니를 드러낸 사람'이다. 물론 그렇다고 내가 '송곳니의 날' 같은 기념일을 바라는 건 아니다. 이 그룹에 낄 사람은 적을수록 좋다고 생각하기 때문이다. 이는 나를 지칭하는 독보적인 칭호로서, 차별적이니 아니니 하는 문제는 존재하지 않길 바라서다.

자신이 무엇을 위해 사는지 알면 어떤 삶도 견뎌낼 수 있다. 자신 앞에 어떤 삶이 놓여 있든 평생 세상과 싸워야 한다는 사실은 변하지 않기 때문이다.

그렇다면 부녀자라고 불리든, 여성이라고 불리든 그게 그리 중요할까?

02

요즘 여성들은 사탕발림에 좀먹어가며 정작 중요한 사실을 잊고 있다. 그것은 바로 삶은 한바탕 연극에 불과하기에 벗어나고자 하는 마음만 있다면 얼마든지 자신의 무대 의상과 배역을 스스로 선택할 수 있다는 사실이다.

'나는 미모를 가꿀 테니, 너는 돈을 벌어 가족을 부양하라'는 식의 발상은 사실상 여성 주체의식의 퇴보를 의미한다. '남자는 밖에서 일하고, 여자는 집안일을 해야 한다'라는 낡은 사고방식으로의 회귀이자 심지어 이보다 더 구차한 생각이기도 하다.

1996년, 심리학자 피터 글릭(Peter Glick)과 수잔 피스크(Susan Fiske)가 내세운 '양면적 성차별론(Ambivalent Sexism)'에 따르면 성차별에도 적대적 성차별과 온정적 성차별로 나뉜다.

적대적 성차별(Hostile Sexism)은 비난과 적대, 혐오 등을 통해 여성을 공격하는 것을 말한다. 그래도 요즘은 이렇게 노골적으로 여성을 공격하는 경우가 많이 줄어든 편이다.

한편 온정적 성차별(Benevolent Sexism)은 가부장적 세계관 속에서 여성을 사랑받고 보호받아야 할 존재로 여기는 것을 말한다. 얼핏 보기엔 여성에 대한 호의로 느껴지지만 사실 온정적 성차별은 '여성을 남성의 보살핌이 필요한 연약한 존재'로 규정해 '남성은 강하고, 여성은 약하다'는 고정관념을 다시 한번 고착화한다.

그렇기에 온정적 성차별은 오히려 젠더 간의 차이를 확대할 뿐, 사상의 해방이나 정치적 진보를 의미하지 않는다. 표면적 선의라는 여성이 좀 더 받아들이기 쉬운 방법으로 남성이 우위에 있음을 합리화하는 것일 뿐이다.

그런데 소위 '페미니즘'을 표방하며 계속 온정적 성차별을 드러내는 계정의 글들이 정말 '선의'에 뿌리를 두고 있는 것일까? 안타깝게도 그렇지 않다.

멜리사 셰퍼드(Melissa Shepherd) 등이 연구한 결과에 따르면 온정적 성차별을 지닌 여성은 자기 신체에 대한 수용력이 낮으며, 외모를 기준으로 평가하는 성향(Body Shame)과 자기 객관화(Self-objectification), 신체 감시(Body Surveillance, 또는 신체 모니터링) 경향이 높다.

그녀들은 소위 '요조숙녀는 군자의 좋은 배필'이라고 말하며, 남성들의 세계에서 '여신'이 되어야 한다거나 남성들에게 사랑받는 여자가 되어야 한다고 말한다. 아름다워지는 것이야말로 사회적 권리를 얻는 가장 편리한 방법이라면서 말이다.

이런 여성은 남성의 심미적 요구에 지나치게 영합하려 한 나머지 자기 외모에만 집중해 재능을 소홀히 한다. 맹목적으로 마르고, 연약하고, 아름다운 외모만을 추구하게 된다는 뜻이다.

그러나 이상적인 자아와 현실적인 자아에 차이가 나게 되면 그녀들은 소위 '여성에게 가장 좋은 춘약'을 구매해 자신의 매력을 높이려 든다. 순식간에 신상 립스틱과 명품 가방이 품절되고, 유명 인플루언서들이 관련 제품을 추천하며 엄청나게 많은 돈을 벌어들일 수 있는 이유는 바로 이 때문이다.

이 세상에서 가장 강력한 함정은 언제나 상냥함에 가려져 있다. 어떤 이들에게 여성은 태엽을 감으면 정해진 궤적을 따라 움직이는 예쁜 장난감에 불과하다. 여성들은 타인의 물건이 아니라 한 명의 사람으로 바로 서기를 추구해야 한다.

진짜 향기로운 영혼을 지닌 여자는 남자가 비용을 지불하고 감상하는 꽃병 속 꽃 같은 미모의 소유자가 아닌, 다채로운 삶을 사는 사람이다.

진정한 여성은 마음에 여유가 있어야 할 뿐만 아니라 넘치는 저력이 있어야 한다.

03 ⎯⎯⎯

심리학자들은 '역할 설정'이 한 사람의 발전을 저해하는 심리적 장애물이 된다고 말한다. 외부 세계가 자신의 예상 시나리오대로 흘러가지 않을 경우, 쉽게 상처를 받고 힘들어하게 된다면서 말이다.

그러나 삶이 자신의 예상대로 흘러가도 집단의식에 개인적인 의지가 가려져 주체적 능동성을 잃게 되기란 마찬가지다. 따라서 당신은 여신이 될 필요도, '공주'라는 이름에 인생을 인질로 잡힐 필요도 없다. 자신을 드높일수록 열등감을 가지게 될 테니 말이다.

세월이 우리에게 주는 것은 단지 노화만이 아니다. 풍부한 경험과 성숙한 지혜도 준다. 척박한 마음이 넉넉해지는 일은 결코 후회할 만한 일이 아니다.

세월이 선물한 통찰력을 지니게 되었을 때, 부녀자와 여성, 남성과 여성의 차이가 실은 그리 크지 않음을 깨닫게 될 것이다. 세상은 너무나 다양해서 같은 집단이지만 큰 차이가 나는 경우도, 또 다른 두 집단이지만 비슷한 모습을 보이는 일도 있기 때문이다.

사람의 생과 사를 우리 말 한마디로 손바닥 엎듯 뒤집어놓을 수 없는 것처럼 세상이 설정해놓은 역할을 따른다고 해서 우리에 대한 사람들의 태도를 바꿔놓을 수는 없다. 내가 어떤 사람인지를 결정할 수 있는 것은 오직 나 자신뿐이다.

우리는 시간을 거꾸로 흐르게 할 수 없다. 우리가 장악할 수 있는 일은 결과가 아닌 과정이다.

사람이라면 누구나 자신의 황금기에 머물러 있고 싶어 한다. 그러나 인생이라는 연극을 정상적으로 마치기 위해 자신이 마땅히 해야 할 일을 하는 것, 그거야말로 성장이라고 할 수 있다.

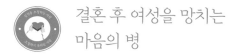

결혼 후 여성을 망치는
마음의 병

01 _____

　여러 가정폭력 사건에서 좀처럼 이해하기 힘든 부분이 있다. 바로 아내가 남편보다 월등한 경제력을 가지고 있고, 남편은 놈팡이인 경우가 많다는 점이다.

　먹고살기 위해 남편의 부양이 필요한 상황이 아님에도 아내는 왜 진즉 남편의 곁을 떠났어야 한다는 생각조차 하지 못한 채 몸과 마음에 모두 상처를 입으며 산 걸까?

　어쩌면 두려움 때문일지도 모른다. 실제로 상대의 곁을 떠났을 때 상대의 폭력에서 벗어나기는커녕 더 큰 폭력을 겪게 되는 경우가 많기 때문이다. 특히 여성이 '이별'이라는 말로 남성을 자극했을 때, 남성들은 그녀뿐만 아니라 그녀의 가족에게까지 분노의 보복을 하겠다고 엄포를 놓기도 한다. 그들은 자기 아내에게 말한다.

　"당신이 날 떠나면 당신 부모와 우리 아이들도 내가 가만두지 않을 거야."

이런 말을 하는 남자 대부분은 정말로 자기 말을 행동으로 옮긴다는 사실이 여러 실사례를 통해서도 증명되었다.

그러나 여기에는 논리적 결함이 존재한다. 악당이 인질을 내세워 다른 사람을 자신의 통제 아래 두려 할 때, 이 협박이 성립되려면 인질이 악당의 손에 붙잡혀 있어야 한다는 조건이 전제되어야 한다는 점이다. 악당이 단 1분이라도 인질을 잡고 있지 않다면 언제든 반격의 기회가 있기 때문이다.

그렇다면 남편이 매 순간 자신의 아이와 가족을 통제한다는 것은 현실적으로 불가능한 일인데, 과연 아내에게는 달아날 여지가 전혀 없었다고 말할 수 있을까? 어쩌면 아이들을 위해서일지도 모른다. 아내 대부분은 이혼하면 아이가 아버지를 잃게 된다고 생각한다. 자신의 이혼으로 아이가 온전한 가정에서 못 산다는 사실에 겁을 내고, 이런 두려움이 심리적 문제를 초래하는 것이다.

그러나 이러한 이유만으로는 완벽히 설명되지 않는다. 요즘 아이들은 나이가 어려도 눈치를 살필 줄 알기 때문이다. 실제로 아이들은 아주 사소한 부분에서 부모의 관계가 좋은지 아닌지, 가족이 정말 행복한지 아닌지를 알아차린다.

아이에게 '온전한 가정'이란 '따뜻한 가정'을 의미한다. 아이들은 편부모 밑에서 서로를 의지하며 살아갈지언정 '너를 위해서 이혼하지 않았다'는 도덕적 굴레에 갇히고 싶어 하지 않으며, 무관심과 폭력이 난무하는 '온전한 가정'은 더더욱 원치 않는다. 어쨌든 편부모 가정보다 못한 집에서 지내는 것이 부모님의 이혼보다 아이에게는 더 큰 상처가 되기 때문이다.

요즘은 '90년대생'들의 초고속 결혼, 초고속 이혼이 드문 일도 아니고, 이혼에 대한 사회적 시선도 많이 달라졌다. 물론 뒷말이야 나올 수 있겠지만 가정폭력으로 말미암은 정신적 고통을 감내하는 것에 비하면 뒷말을 듣는 것쯤은 정말 아무것도 아니다.

한때는 관련법의 미비로 가정폭력에 날개를 달아준 적도 있었지만 지금은 가정폭력방지법이 보완 개정되어 가정폭력으로 경찰에 신고했을 때, 더 이상 '집안일'이라는 이유로 경찰 출동을 거절할 수 없게 되었다.

가정폭력 사실이 밝혀진 스타들의 인기가 하루아침에 바닥으로 떨어지는 모습에서도 알 수 있듯 요즘은 가정폭력에 대한 사회적 비난도 적지 않다. 하지만 그럼에도 여전히 많은 여성이 가정폭력을 행사한 이들의 죄를 사해주고, 그가 법적인 처벌을 피할 수 있도록 도와주고 있다.

실제로 한 여성은 남편에게 코가 부러질 정도로 맞았음에도 남편을 위해 '소송취하서'를 법원에 제출하기도 했다. 그러나 '상해죄'는 반의사불벌죄(피해자가 가해자의 처벌을 원하지 않는다는 의사를 표시하면 처벌할 수 없는 범죄)에 해당하지 않아 고소를 취하하더라도 가해자를 처벌할 수 있기에 남편은 결국 기소되었다. 그리고 법원은 남편에게 폭력적인 성향이 강하며, 죄질이 나쁘다고 판단해 그에게 중형을 선고했다.

가정폭력을 방지하려면 "왜 그 사람 곁을 떠나지 않는 거야?" 하는 말로는 부족하다. 그 뒤에는 복잡한 심리적 원인이 자리하고 있기 때문이다.

02

가정폭력 방지 전선에서 싸우는 선배가 있다. 그녀는 가정폭력을 당한 여성들에게 법률적, 심리적 지원을 하며 그들이 가정폭력이라는 악몽에서 벗어나도록 돕고 있다.

한번은 대화를 나누는데 그녀가 이런 말을 했다. 여성이 가정폭력에서 벗어나지 못하는 주요 원인은 경제적인 문제나 아이, 사회적 편견 등에 있다고 말이다.

오랜 기간 가정폭력에 시달린 여성들은 모두 심각한 심리적 장애를 지니고 있는데, 그것은 바로 남성에 대한 무조건적인 환상이다. 그녀들은 상처로 얼룩진 부부관계가 여러 시험을 거쳐 끝내 사랑과 온기가 가득한 진짜 애정으로 변하길 갈망한다. 그리고 그녀들은 자신을 상처투성이로 만든 그 사람이 언젠가는 자기 잘못을 깨닫고 자신의 모든 것을 쏟아 지난날의 잘못을 보상해줄 것이라 믿는다.

다른 사람에게 도움을 구하기도 하고, 심지어 경찰에 신고하는 방법을 택하기도 하지만, 그녀들은 이러한 행동을 상대에 대한 일종의 테스트로밖에 여기지 않는다. 즉, 상대가 이 모든 일을 겪고 나면 개과천선해 자신을 아껴줄 것이라고 착각한다는 뜻이다.

그러나 가정폭력은 아예 일어나지 않았으면 않았지, 단 한 번으로 끝나는 경우는 거의 없다. 순전히 피해자의 마음속에서만 한바탕 용서 극이 벌어지는 것이다. 그런데 가만히 보면 우리가 봐왔던 가족 드라마는 거의 그런 식이었던 것 같기도 하지만 말이다.

아무튼 그녀들로서는 이별로 말미암은 불확실성을 견디느니 남아서 계속 학대받는 편이 더 쉽다. 어쨌든 그들에게 상처받는 일은 이미 일상이나 다름없기 때문이다.

매 맞는 여성 증후군(Battered Woman Syndrome, 약칭 BWS)은 본래 사회심리학 개념으로, 미국의 심리학자 르노어 워커(Lenore Walker)가 이론화해 이후 미국 사법에 적용되었다.

장기간 가정폭력에 노출된 피해 여성이 상대를 떠나지 못하는 이유는 단순히 심리적인 원인 때문이 아니라 병리적인 원인 때문일 수 있다는 데 미국 법조계 인사와 심리학자가 의견을 함께한 것이다.

그 때문에 법원은 이러한 상황에서 피해자가 가해자를 용서했는지를 고려하지 않는다. 피해자가 겁에 질려 폭력의 가해자에게 상해를 입힌 경우에도 법원은 그 책임을 묻지 않는다.

르노어 워커는 가정폭력에 4단계의 주기가 있으며 이 주기가 무한 반복된다고 보았는데, 그 단계는 다음과 같다.

1. 긴장이 쌓이는 단계
2. 폭력이 발생하는 단계
3. 애정 어린 참회의 단계(이때 폭력의 가해자가 사과하기는 하지만 피해자의 행동과는 아무런 상관없이 지속적인 폭력이 행해진다)

4. 폭력 후의 화해 단계

폭력을 행사한 후 가해자는 아주 로맨틱한 모습으로 변신해 피해자에게 두 사람이 마치 제2의 허니문을 즐기는 듯한 환상을 심어준다. 이때 피해자는 상대가 아직도 자신을 사랑하고 있다고 생각하게 된다. 나를 때렸을 때는 너무 화가 나서 그런 것일 뿐, 앞으로 다시는 그러지 않을 거라고 믿으며 악순환의 함정에 빠져드는 것이다.

그렇다면 어떻게 해야 이러한 심리적 문제를 예방할 수 있을까?

03 _____

심리학자들에 따르면 매 맞는 아내 증후군이 나타나기 이전에 반드시 개인가치의 상실이 일어난다고 한다. 다시 말해서 한 사람이 다른 한 사람을 학대하려고 할 때는 반드시 교묘하게 포장된 말로 상대의 개인적인 가치를 부정하려 한다는 것이다.

"이 가정이라는 울타리가 없으면 너는 아무것도 아니야" 하는 말은 그야말로 억지 논리다. 그러나 사람들은 이렇게 개인의 가치를 짓밟는 억지 논리를 알게 모르게 아내에게 주입한다.

그러니 부디 자의식을 포기하게끔 만드는 모든 개소리를 막아내는 방법을 배우길 바란다. 이러한 생각을 주입하려는 사람은 당신을 학대하기 위한 준비 작업을 하고 있는 것이니까.

'가정폭력'이라는 단어는 '폭력' 앞에 '가정'이라는 말이 더해지면서 아주 모호하고도 답 없는 단어가 되었다. 가정폭력을 가하는 사람의 교육수준이 어느 정도이든 이 같은 사실이 발각되었을 때, 그들은 하나같이 똑같은 말을 내뱉는다.

"내가 내 자식, 내 아내 혼내주겠다는데 당신이 무슨 상관이야?"

그러면서 눈을 부라리는 그들의 모습은 마치 산을 차지하고 홀로 왕 노릇을 하는 미친개와 같다.

그런데 당신은 이렇게 형편없는 사람에게 당신을 가졌다고 공언할 만한 자격을 주고 싶은가?

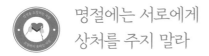

명절에는 서로에게
상처를 주지 말라

01_____

내 기억이 있고 난 뒤로부터 '친척'은 내게 그리 우호적인 단어가
아니다. 명절을 쇠러 본가로 돌아가기가 갈수록 겁이 날 정도다. 얼
굴을 봐도 그들은 그저 자신들의 가치관을 억지로 주입하는 데 열중
할 뿐, 내게 조금의 배려나 관심도 보이지 않는다. 내가 얼마나 큰 성
과를 냈든 소도시의 공무원이 된 사촌 A나, 벌써 둘째 아이를 낳은
사촌 B보다 못한 사람이 되는 건 순식간이다.

물론 개인적으로는 새해에 어떤 공부를 더 하고 싶다든지, 눈물을
쏙 뺄 만큼 감동적인 영화를 볼 계획이라든지, 평생 잊지 못할 여행
을 하고 싶다든지 등을 주제로 대화를 나누고 싶다. 하지만 아마 내
가 이런 말을 꺼내면 그들은 분명 공부를 많이 하더니 공부만 아는
바보가 됐다는 둥, 능력도 없이 눈만 높아졌다는 둥, 제대로 일할 생
각은 하지 않고 빈둥댈 생각만 한다는 둥 말이 많을 것이다. 어디 그
것뿐이랴. 여태 싱글이라는 이유로 대역무도한 죄인으로 몰려온 친

척들이 돌아가며 내게 정신 차리라는 말을 할 것이다.

우리 세대에게는 철밥통보다 중요한 것이 있고, 결혼해서 아이를 낳는 일보다 우선해야 할 꿈이 있으며, 공직생활을 하는 것보다 더 가치 있는 마음이 있지만 그들은 이를 이해하지도, 이해하고 싶어 하지도 않는다. 다른 사람에게 자신의 잣대를 들이대며 강요하는 거짓 성취감에 도취해 있을 뿐이다. 인생에 얼마나 많은 가능성이 존재하는데 나는 그들이 말하는 '성공인사'가 되고 싶은 생각은 추호도 없다.

그런 의미에서 나는 우리 외할아버지가 얼마나 그리운지 모른다. 외할아버지는 모르는 게 없는 이야기꾼처럼 내게 조조(曹操), 청야오진(程咬金), 이홍장(李鴻章)에 관해 이야기해주셨다. 집안 형편이 넉넉하지 않더라도 매번 우리 집에 놀러 오실 때마다 바리바리 선물을 챙겨 오셨고, 돌아가실 때는 내가 가장 좋아하는 게임팩을 사라며 몰래 주머니에 용돈을 찔러 넣어주시기까지 했다.

그러나 안타깝게도 친척 대부분은 외할아버지 같지 않았다. 왕래는 잦지 않았지만 그 누구보다도 많은 참견을 했고, 생활수준은 그리 높지 않지만 요구치는 높았으며, 실속은 없지만 말하는 기세는 굉장했다.

그러고 보면 한 집안에 꼬마 진상만 있는 것이 아니라 진상 친척도 있다는 말은 괜히 나온 말이 아닌 것 같다. 옛말에 '부귀를 가지고 고향에 돌아가지 못하는 것은, 비단옷을 입고 밤길을 걷는 것과 같다'고 했다. 그러나 요즘은 명절을 쇠러 고향에 가서 언감생심 돈 자랑은 할 수 없다.

일례로 택배 일을 하는 작은 형은 매달 몇만 위안을 벌지만, 집에는 월수입이 2천 위안밖에 되지 않는 걸로 되어 있다. 행여 남들이 돈을 빌려달라고 할까 봐 무서워 대충 얼버무린 것이다. 분명 수천 위안짜리 손목시계를 차고 있으면서도 괜히 싫은 소리를 듣고 싶지 않아 친척들에게는 30위안짜리라고 말하기도 했다.

사실 명절에 모인 친척들이 벌이를 묻는 이유는 하나다. 내가 그들보다 잘사는지 못사는지를 확인하기 위해서다. 그들보다 못사는 게 확인되면 설교가 시작되고, 그들보다 잘사는 게 확인되면 질투와 원망의 대상이 된다.

때로는 남보다 친척을 대하기 더 어렵다는 한탄이 절로 나오기도 한다. 친구는 내가 선택할 수 있지만, 친척은 선택할 수 없기 때문이다.

02

그 정도는 다르지만 사람은 원가족에게 상처를 입는 경우가 많다. 그러나 우리는 출가나 연을 끊는 방법을 선택할 수 없다. '집'이란 어느 장소도, 어느 집단도 아니기 때문이다. 이 세상 어디라도 집이 될 수 있다. 집은 기억과 성장, 이별, 만남이 있는 인생 그 자체다.

창밖에서 요란한 폭죽 소리가 울리고, 성대한 연회가 끝난 후 난잡하게 어질러진 그릇은 이생에 벗어날 수 없는 소용돌이를 상징하는데, 그 이름은 바로 '가정윤리'다. 그런 까닭에 진상 친척은 '상대하지 말자'는 말로 끝나는 문제가 아니다. 이것이 가족이라는 인간 관계망에서 그들과 끝까지 지지고 볶는 법을 배워야 할 이유다.

명절은 소리 없는 전쟁이라고 할 수 있다. 친척들이 우리의 마음을 공격하기 시작했다면 이를 정면으로 반격할 줄 알아야 한다.

인터넷상에 제시된 방법은 이렇다. 친척이 내게 설교를 늘어놓기 시작하면 공감을 표하라는 것이다.

"제게 관심 가져주시는 거 알아요. 어려서부터 많이 보살펴주셨잖아요. 그 마음은 잘 새겨둘게요."

사실 이러한 방법이 완전히 옳은 것은 아니다. 정말로 내게 관심을 두는 친척에게만 사용할 수 있는 방법이기 때문이다. 그러나 모두가 알다시피 어떤 친척들의 설교는 우리를 향한 관심이 아니라 우리를 깔아뭉개기 위함이다. 그렇다면 이럴 때는 "제게 관심 가져주시는 거 알아요" 하는 말이 새빨간 거짓말이 된다.

애초에 진실하지도 않은 감정을 우리가 왜 이해한다고 표현해야한단 말인가? 이는 공감이 아닌 기만으로 '관심'의 탈을 쓴 친척들의 '참견'을 합리화해줄 뿐만 아니라 우리 자신을 위선적으로 보이게 만든다. 무엇보다 가장 큰 문제는 그도 그가 우리에게 '관심'을 갖는 것이라고 착각할 경우인데, 이렇게 되면 해당 화제에 대한 설교가 봇물 터지듯 쏟아질 것이다.

인터넷상에 올라온 또 다른 방법에서는 화제를 전환하면 된다고 말한다. 그러나 사실상 화제를 전환하기란 보통 어려운 일이 아니다. 상대가 "그건 당장 급한 일이 아니니까 일단 네 ○○ 문제부터 해결해야지" 하는 말로 다시 화제를 되돌릴 테니 말이다. 게다가 애써 돌린 화제가 상대의 민감한 부분을 건드리기라도 하는 날에는 끝까지 우리를 물고 늘어지며 더한 트집을 잡게 될 것이다.

사실 남에게 미움받는 것을 두려워할 필요는 없다. 두 사람이 진정으로 서로를 이해하려면 수많은 갈등과 화해를 경험해야 하기 때문이다. 당신과 당신의 친척, 혹은 당신과 당신의 어린 시절 친구도 마찬가지다.

단, 친척에게 반격을 가할 때는 조금 더 예술적일 필요가 있다. 그는 '손윗사람'이라는 방패를 가지고 있을뿐더러 논리 대신 윤리만 따지는 다른 친척들이 지켜보고 있을 것이기 때문이다.

03

너무 싫은 친척에게 정면으로 반격하는 방법에는 세 가지가 있다.

첫째, 화가 나고 불쾌하다는 감정을 표현하되 공격적인 단어는 사용하지 않는다.

한 청년이 이모에게 결혼하지 않는다고 잔소리를 들었다. 이모는 "공부를 많이 해도 별 쓸모가 없구나" 하는 말로 결론을 냈다. 자기 자녀는 벌써 두 번이나 이혼했으면서 말이다. 이때 청년은 이렇게 대꾸할 수 있다.

"이모 자식들은 결혼을 몇 번씩 하려고 공부를 그렇게 많이 안 한 거였군요!"

이렇게 하면 아픈 곳을 찔린 이모는 한동안 반박할 이유를 찾지 못할 것이다.

둘째, 상대의 논리를 이용해 나에게서 상대에게로 화제의 화살을 돌린다.

친척의 질 나쁜 농담에 반격을 가한 경험을 공유한 한 네티즌의 이야기를 살펴보자.

결혼하고 얼마 안 되었을 때, 남편의 친척들과 함께 식사했어요. 그런데 친척 중에 갓 시집온 며느리와 시아버지를 농담 소재로 삼는 악취미를 가진 분이 계시더라고요. 제가 막 자리에 앉으려는데 그분이 이러는 거예요.

"아이고, 시아버지 무릎에 앉아야지."

이에 저는 웃으며 말했죠.

"아, 아내 되시는 분도 처음엔 그쪽 아버님 무릎에 앉으셨나 봐요?"

그러자 그는 당황한 기색으로 "다들 앉아요, 앉아" 하며 말을 돌리더라고요.

셋째, 에둘러 말하는 방법으로 갈등이 격화되는 것을 막는다.

한번은 숙부 한 분이 내가 곧 서른이 된다는 말을 듣고는 갑자기 흥분하며 말했다.

"서른이면 통장에 백만 위안 정도는 모아놨겠구나. 우리 사위가 올해 딱 서른인데 벌써 집이 다섯 채에다 이번에 테슬라 차도 예약해뒀거든."

별로 대꾸하고 싶지 않았지만 그래도 못 들은 척할 수 없어 공손하게 두어 마디하고 말려 했으나 그의 다음 말이 나의 화를 돋웠다.

"대학원은 다녀서 뭐 해? 우리 사위는 대학을 졸업하기도 전에 일을 시작하더니 지금은 무슨 교수며, 박사며, 죄다 우리 사위 앞에서 개처럼 긴다니까!"

이에 나는 즉각 반격했다.

"사위 사랑이 대단하시네요. 돈 얘기 꺼내시면서 눈에서 빛이 나던데, 꼭 말씀하신 그 누구들 같았어요."

한 사람의 행동을 장려하려면 그에게 만족감을 주고, 한 사람의 행동을 저지하려면 그가 원하는 것을 얻지 못하도록 하는 게 가장 좋은 방법이다. 그런데 인간관계에서는 상대를 멋쩍게 만드는 방법이 최고다.

어떤 관계든 관계가 편해지려면 본질을 파악하는 것이 중요하다. 입을 열 때마다 상처를 주는 친척에게 반격을 가하는 방법을 배워야 하는 이유는 우리의 감정을 쏟아내기 위해서가 아니다. 직관적인 태도로 상대에게 우리의 관계를 되짚어볼 필요가 있다는 사실을 알려주기 위함이다.

이 세상에 태어나 윗세대에게 휘둘리는 사람이 되는 것만큼 슬픈일은 없다. 루야오(路遙, 중국의 작가 겸 정치가)의 《평범한 세계》를 보면 친척이라고 해서 반드시 사이가 좋아야 하는 것은 아니라는 대목이 나온다. 그렇다. 혈연은 족쇄가 아니다.

겨울까지 살지 못하는 여름벌레는 얼음이 무엇인지 절대 알 수 없다지만, 개인의 발전을 무시하고 그저 대를 잇는 일만을 중시하는 친척들이라도 상대해야 할 필요는 있다.

첫째, 우리가 그동안 굳게 믿어왔던 것들이 실제로는 얼마나 굳건한지를 시험해볼 수 있고, 둘째, 시대의 변화에 따른 계급의 고착화가 얼마나 무겁고 불행한 것인지를 깨닫고, 현재의 삶을 소중히 여길 수 있기 때문이다.

부디 당신에게 친척들이 있고, 그중에서도 관계가 깊은 친척이 있기를 바란다.

소리 지르지 말라

01

얼마 전 산시 지역의 한 초등학교에서 감사교육을 진행하는 영상이 인터넷상에서 화제였다. 해당 영상에는 모 '유명 교육가'의 격앙된 강연에 초등학생 수천 명이 단체로 울음을 터뜨리는 모습이 담겨 있었다. 이를 본 네티즌들은 세뇌교육이 아니냐며 의심했지만, 해당 학교 교장은 이를 부인하며 자신도 감동받아 이야기 들을 때마다 눈물을 흘린다고 말했다.

나야 줄곧 이런 식의 감사교육을 반대하는 입장이었지만, 요즘은 교육이 발전하면서 이런 식의 감사교육에 대한 비판의 목소리가 날로 높아지고 있는 것으로 안다. 물론 그럼에도 이런 종류의 행사가 여전히 많은 곳에서 대규모로 진행되고 있지만 말이다.

왜냐? 현장에서의 효과가 좋기 때문이다. 달리 말하면 학생들이 학부모에게 단체로 무릎을 꿇든, 학생이 단상에 올라 목이 쉬도록 '칭화대, 베이징대 합격'을 외쳐대든, 그것도 아니면 학생들을 단체로 울게 만드는 강연을 하는 감동적으로 보이는 순간을 사진으로 남길 수 있기 때문이랄까?

아무래도 해당 학교 교장의 눈물 포인트는 우리와 조금 다른 모양이었지만, 어쨌든 단상에 선 '유명 교육가'의 강연 핵심을 요약하자면 이랬다.

어머니는 너희를 괴로울 정도로 사랑한다. 그 때문에 이런 감정을 발산하는 것이다. 너희들의 어머니가 이런 감정을 제대로 발산하지 못한다면 마음의 병을 얻게 될 것이다.

물론 감정을 제대로 발산하지 못해 학생들의 어머니가 마음의 병을 얻어서는 안 되겠지만, 이 '유명 교육가'가 한 가지 간과한 사실이 있다. 바로 감정을 발산하는 방법으로 초조함에 맞서는 사람은 폭력을 행사할 가능성이 크다는 것이다. 이는 일찍이 심리학 연구 결과를 통해서도 밝혀진 바다.

왜냐? 감정이 나타나는 모든 순간은 사실 자아를 자각할 기회이기 때문이다. 감정이 나타날 때마다 감정 자체를 제대로 인식하지 못한다면, 역으로 과격한 방법으로 다른 사람에게 감정을 투사하게 되고, 그러면 상대는 어리둥절할 수밖에 없다. 그는 우리의 감정만을 전달받았을 뿐, 그 이유를 알지 못하기 때문에 올바른 태도로 받아치기가 어렵다.

당신이 감정 발산을 선택한다면 다른 사람도 똑같이 발산을 선택하게 되고, 그럼 서로 치고받고 싸우게 되는 것이다.

눈물로만 감사를 표하는 것은 효도가 아니며, 자신의 성질대로만 자녀를 교육하려는 것은 자애가 아니다. 누누이 말하지만, 눈물로 털어낼 수 있는 감정은 진짜 감정이 아니다. 가장 중요한 감정은 영원히 우리의 마음에 남겨, 그와 함께 성장해야 한다.

감정은 발산해야 하는 게 아니라 인식하고 관리해야 하는 것이다.

02

이 유명 교육가는 엄마의 감정이 아빠에게 분출되면 아빠는 이를 받아주지 않을 것이고, 할아버지나 할머니에게로 향하면 할아버지, 할머니가 불효녀라고 말할 것이며, 상사에게 발산하면 죽고 싶으냐는 말을 들을 것이라며, 결국 엄마가 감정을 토로할 대상은 자녀들뿐이라고 말했다.

그런데 나는 이 강연자에게 이 말을 해주고 싶다. 한 인간, 특히 여성의 의지와 강인함을 얕잡아보지 말라고 말이다. 세상의 악의와 마주했을 때 우리에게 필요한 것은 화풀이 대상이 아니라 이해다. 어쩌면 이해도 필요하지 않을 수 있다. 우리는 우리가 하는 모든 일에 의미가 있기를 바라니 말이다.

우리가 큰일을 위해 치욕을 참아내며 그 누구에게도 미움 살 일을 하지 못하고 자기 가족에게만 생채기를 낸다면 이는 본말의 전도가 아니겠는가. 이는 매우 잘못된 감정 발산법이다. 이 세상에 당신의 불행을 뒤집어써야 하는 책임과 의무를 지닌 사람은 아무도 없다. 당신의 자녀를 포함해서 말이다.

아이가 묵묵히 당신의 모든 행동을 참아줄지라도 감정이 생긴 원인을 찾지 못하면 아이에게 끊임없이 스트레스가 누적되어 언젠가는 폭발하고 말 것이다. 그리고 일련의 반복을 통해 결국 상처받는 사람은 자기 자신이 될 것이다. 그 유명한 '걷어차인 고양이 효과(Kick The Cat Effect)'란 바로 이런 경우를 두고 하는 말이다.

나는 정말로 이런 식의 감사교육이 줄어들었으면 한다. 전쟁터나 다름없는 사회에서 오히려 집이 가장 피곤한 장소가 되어서는 안 된다고 생각하기 때문이다.

03

몇 년 전, 어머니의 절친한 친구인 쉬씨 아주머니가 집에 놀러 왔을 때의 일이다. 어머니와 쉬씨 아주머니는 방에 들어가 문을 닫고 오후 내내 이야기를 나누었고, 식사 시간이 되어 함께 식탁에 둘러앉아 식사했다.

막 식사를 마치고 숟가락을 놓았을 때 택배 상자 하나가 배달되었다. 수정으로 만든 예쁜 배 모형과 에스닉(Ethnic)한 스타일의 여성 스카프가 들어 있었다. 내 친구인 '사슴 아가씨'가 보낸 것이었는데, 어머니의 선물까지 챙겨 보낼 줄은 몰랐다. 그런데 내가 어머니에게 스카프를 건네드리자 기뻐하시기는커녕 오히려 화를 내시는 것이었다.

"미리 말해두는데 너 연애할 거면 따로 나가 살아. 네 연애에 우리까지 끌어들이지 말고. 하여간 요즘 젊은이들은 염치를 몰라도 유분수지. 사람을 어떻게 보고 이렇게 쉽게 선물을 보낸다니."

그 순간 나는 더 이상 침착함을 유지할 수 없었다. 사람이 좋은 마음으로 선물을 보낸 것이 어떻게 염치없는 행동으로 둔갑할 수 있단 말인가. 이에 나는 버럭 화를 내며 말했다.

"무슨 말을 그렇게 하세요? 그럼 선물 보내는 사람은 전부 염치없는 사람이라는 겁니까? 보니까 어머니도 다른 사람들한테 자주 선물 보내시던데, 그럼 어머니는 아주 파렴치한이겠네요!"

어머니의 억지에 줄곧 침묵을 지키던 아버지도 한마디 거들고 나섰다.

"어른이라고 생각해서 보낸 걸 갖고 뭘 그래? 당신한테 잘 보여서 우리 집에 시집오겠다고 그런 것도 아닌데. 당신은 아들이 평생 연애도 안 했으면 좋겠어?"

사슴 아가씨는 나와 연애하는 사이가 아닌데 아버지와 어머니가 오해하신 것 같았다. 하지만 내가 어떻게 설명해도 두 분은 듣지 않으셨다. 집안싸움이 발발하기 일보 직전의 순간, 쉬씨 아주머니가 큰 소리로 말했다.

"싸우지들 마세요! 위 엄마, 위 엄마가 날 동정하는 건 알겠는데 그 일은 위와 아무 관련이 없잖아. 나를 대신해서 화를 내주고 싶은 거면 가서 변변치 않은 우리 아들하고 며느리에게 욕이나 해줘!"

이후 어머니는 아무 말 없이 내팽개친 스카프를 주워 들고는 내게 미안하다고 사과하며 사슴 아가씨에게도 고맙다고 전해달라 했다.

알고 보니 쉬씨 아주머니는 어머니에게 하소연하러 온 것이었다.

쉬씨 아주머니에게는 기구한 사연이 있었다. 아들이 어느 상사의 딸과 결혼한다기에 벼락출세하겠구나 싶었는데, 여자 쪽에서 고가의 결혼예물도 모자라 집이며 차까지 요구해 쉬씨 아주머니 부부의 집까지 며느리의 명의로 돌려주게 되었다고 한다.

아들의 혼사로 쉬씨 아주머니 부부는 통장을 탈탈 털다시피 한 셈이다. 그런데 문제는 아들 내외가 여전히 돈을 물 쓰듯 하여 이제 쉬씨 아주머니 부부의 퇴직금까지 넘보려 한다는 것이었다.

쉬씨 아주머니의 비참한 상황에 감정이입을 한 어머니는 사슴 아가씨가 보낸 스카프를 보고 아들의 결혼을 떠올렸고, 자신이 쉬씨 아주머니와 같은 처지가 될지도 모른다는 생각에 히스테리를 부리기 시작한 것이다.

감정 발산에 급급한 사람은 우리에게 그 이유를 설명해줄 리 없다. 내 어머니가 화를 낼 때도 감정의 단서를 똑똑히 밝히지 않았다. 나와 아버지가 보기에는 그야말로 날벼락이 아닐 수 없는 것이다.

감정관리에서 매우 중요한 점 하나가 바로 감정을 인식하는 것, 즉 무엇이 '사실'인지, 무엇이 '생각'인지, 또 무엇이 '체감'인지를 구분하는 일이다. 우리 어머니를 예로 들어보자.

먼저 사슴 아가씨가 스카프를 선물한 것은 사실이다. 이에 어머니는 압박감과 분노를 느꼈는데 이는 체감에 해당한다. 그렇다면 어머니는 왜 위와 같은 사실에 이런 느낌을 받은 걸까? 그 안에 '생각'이 들어갔기 때문이다. 정서적으로 성숙한 사람은 '생각'의 진실성에 대해 평가를 한다. 흔히 윗사람이 말을 천천히 하는 이유는 바로 이 때문이다.

예컨대 밤에 자다가 일어나 긴 머리를 어깨까지 늘어뜨리고 얼굴에는 희미한 빛이 도는 여성을 발견했다면 당신은 혼비백산할 것이다. 공포심에 사로잡혀 '사다코'가 나타났다고 생각할 것이기 때문이다. 그러나 당신의 감정 시스템이 발달했다면 이때 이건 사다코가 아니라 당신의 여성 룸메이트가 스마트폰을 보고 있는 것이라고 알려줄 것이다!

사슴 아가씨가 마스터 야옹과 연애하고 싶어 한다는 것은 진실성이 50%인 생각이다. 처음 아들이 언급하는 것을 들었기 때문이다. 한편 사슴 아가씨와 마스터 야옹이 연애한 후 쉬씨 아주머니의 아들처럼 부모를 궁지에 몰아 넣을 것이라는 건 진실성이 아주 낮은 생각이다. 나와 사슴 아가씨는 쉬씨 아주머니의 아들과 며느리가 아니기 때문이다.

그러므로 한쪽이 감정을 발산하고 다른 한쪽이 이를 묵묵히 감당한다고 해서 문제를 해결할 수 있는 것은 아니다. 당신이 잘못된 감정을 발산한다면 당신이 망치게 될 것은 비단 당신 자신만의 인생은 아닐 것이다.

04 _____

한 심리학 실험에서 피실험자에게 연필을 입에 물고 애니메이션을 보도록 하고 애니메이션이 얼마나 재미있었는지 점수를 매기게 했다.

한 그룹은 앞니로 연필을 물도록 해 의도치 않게 웃는 표정이 되었고, 다른 한 그룹은 이에 연필이 닿지 않도록 입술로만 연필을 물도록 해 비교적 엄숙한 표정을 짓게 되었다. 그 결과 웃는 표정을 짓게 된 그룹이 엄숙한 표정을 짓게 된 그룹보다 애니메이션을 더 재미있다고 느꼈다.

이 실험은 감정이 우리의 인식에 어느 정도 영향을 끼친다는 사실을 말해준다. 함부로 부정적인 감정을 발산하면 오히려 부정적인 감정을 더 쉽게 포착할 수 있다.

여러 페미니즘 계정에는 애정 문제에 맞닥뜨렸을 때 자기 생각대로 한번 해보라고 격려한다. 말이 좋아 그렇지, 실은 그의 태도를 시험해보라는 말이다. 그러나 상대의 태도를 시험해보자고 마음먹고 이를 실행에 옮겼을 때, 상대가 당신을 달래줄 확률은 지극히 낮다. 상대의 태도 속에서 성가심과 의아함을 포착해 '그는 나를 사랑하지 않는다'는 결론에 이르기 십상이다.

이는 잘못된 감정 발산이 인식을 가린 전형적인 예다. 아마도 여성들은 정말로 자신을 사랑하지 않는 사람이라면 사실 이렇다 할 감정이랄 게 없이 평온함을 유지한다는 사실을 모를 것이다.

한 네티즌은 이런 말을 댓글 창에 남겼다.

'언제부터인지는 모르지만 저는 더 이상 많은 사람 앞에서 부정적인 감정을 발산하지 않습니다. 살면서 짜증이 나는 순간은 여전히 존재하지만, 스스로 이를 소화하면서 얻는 경험과 에너지가 원망하고 하소연할 때보다 더 많다는 사실을 깨달아가는 중이랄까요. 전에는 타인에게 의지했다면 지금의 저는 시간과 나 자신을 믿습니다.'

어쩌다 가끔 인생을 탓하고, 감정을 발산할 수는 있다. 그러나 습관적으로 원망을 쏟아내며 스스로 변할 생각을 하지 않는다면 그보다 더 어리석은 행동은 없다.

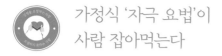

가정식 '자극 요법'이
사람 잡아먹는다

01 _____

며칠 전 가슴을 조마조마하게 만든 일이 있었다. 한 아이가 내 앞에서 식사용 나이프로 자신의 배를 찌르려 한 것이다. 원래는 그냥 평범한 모임이었고, 리우 엄마는 내 친구의 친구일 뿐이었지만 그녀와 아이의 대화방식이 나를 힘들게 했다. 리우는 자신이 쓴 글이 상을 받았다며 수업 시간에 선생님이 칭찬해주었다고 했다. 이에 리우 엄마는 말했다.

"상을 받은 게 뭐 별거니. 앞에 계신 저우 선생님처럼 베스트셀러 정도는 써야 대단한 거지!"

이런 인사치레 칭찬에 익숙하지 않은 나는 서둘러 그녀의 말을 끊으며 말했다.

"나는 중학교 시절에 글로 상을 받아본 적이 없는데 리우는 정말 대단하네요. 지금처럼만 한다면 저보다 훨씬 대단한 사람이 되겠는데요."

그러나 리우 엄마는 내 말에 동의할 수 없다는 듯 손사래를 치며 말했다.

"저우 선생님, 교육자로서 잘 아시겠지만 우리 아이에게는 자극 요법이 필요해요. 평소에 얼마나 게으른지 이렇게라도 자극을 주지 않으면 아예 뭘 할 생각을 안 한다니까요."

문득 호기심이 생긴 나는 이런 방법은 어디에서 배웠느냐고 물었다.

리우 엄마는 '타이거맘(엄격함과 동시에 사랑과 믿음을 바탕으로 아이를 양축하는 엄마를 일컬음)'의 교육법을 소개한 베스트셀러를 읽었는데, 다른 방법은 몰라도 이 방법은 기억해뒀다고 말했다.

그러고는 사돈의 팔촌쯤 되는 친척 아이들이 얼마나 대단한지를 이야기하기 시작했다. 명문 학교에 진학한 아이며, 억대의 가산을 만든 아이까지 그들이 어떻게 노력하고 성공했는지를 읊어댔다. 그에 비하면 리우는 엉망이라 훌륭한 사람이 되지 못할까 봐 걱정이라면서 말이다.

이를 가만히 듣고 있던 리우는 자신도 새벽 한 시까지 공부하며 열심히 노력하고 있는데 무슨 근거로 그런 말을 하느냐고 반박했다. 그러자 리우 엄마는 이를 무시하며 말했다.

"새벽 한 시까지 공부한 날이 며칠이나 된다고 그러니? 그러고도 노력했다는 거야? ○○○은 외식을 하러 나와도 그 전에 숙제는 다 마치고 나온다더라. 오늘도 봐. 모처럼 저우 선생님을 만났는데 가르침을 청하기는커녕 뭐 했니?"

나는 리우 엄마의 위험한 자극법을 몇 번이고 가로막으려고 했지만, 그녀가 쉴 새 없이 말을 쏟아내는 터에 끼어들 틈이 없었다.

결국 리우는 화를 참지 못하고 고개를 돌리며 엄마와의 대화를 거부했고, 아이의 다소 큰 동작에 식기가 바닥에 떨어졌다. 이미 아이가 감정적으로 막다른 길에 내몰린 상황에서 리우 엄마가 '결정타'를 날렸다.

"밥 먹는 데 젓가락 하나 제대로 쓰질 못하니 원. 내가 널 키워서 뭘 하겠니?"

급기야 리우가 버럭 소리치며 말했다.

"더 이상 얘기하면 확 죽어버릴 거야!"

그러나 리우 엄마는 아랑곳하지 않고 말했다.

"어서 물건 주워. 이해를 해주려고 해도 해줄 수가 없어. 아주!"

순간 리우는 식사용 나이프를 주워 자신을 찌르려 했다. 양식 나이프라 무뎠기에 다행이지, 하마터면 큰일 날 뻔한 순간이었다. 옆에 있던 사람들은 서둘러 아이의 손에서 칼을 빼앗은 후, 하염없이 눈물 흘리는 리우를 달래주었다. 결국 모임은 불쾌하게 마무리되었고 리우 엄마는 연신 우리에게 사과하며 말했다.

"애가 철이 없어서, 정말 죄송해요!"

나는 진심으로 그녀에게 이 말을 해주고 싶다. 아이가 철이 들길 원한다면 아이에게 충분한 자존감을 심어주어야 한다고 말이다. 리우는 나는 물론 당신이 말한 소위 성공했다는 친척네 아이들을 얼마든지 뛰어넘을 수 있다. 그러나 이를 위해 필요한 것은 왜곡된 '자극 요법'으로 생긴 결심이나 동력이 아니라 목표 실현을 위한 계획과 방법 그리고 자원이다. 학부모라면 아이에게 이를 제공해줘야 한다는 뜻이다.

당신이 말하는 '자극 요법'으로는 아이에게 모욕감만 안겨줄 뿐 진정한 자극이 될 수 없다.

02

학부모들은 사람에게 가장 큰 상처를 입히는 것은 주먹을 휘두르는 폭력이 아니라 말임을 알아야 한다.

"살기 싫으면 살지 마!" 하는 아버지 말에 아이는 정말로 자살을 선택할 수 있다. 이는 태국에서 슈퍼마켓을 운영하는 한 부자에게서 실제로 있었던 일이다. 아들이 컴퓨터 게임에 빠져 날로 폐인이 되어가는 모습을 지켜보던 아버지가 하루는 화를 참지 못하고 아들에게 소리쳤다.

"살기 싫으면 살지 마!"

그런 다음 총알이 장착된 총을 놓고 돌아섰는데, 아들이 이 총을 집어 들어 스스로 목숨을 끊은 것이다.

아버지가 총소리를 듣고 고개를 돌렸을 때 아들은 카운터에 쓰러져 있었는데, 아들이 정말 방아쇠를 당기리라고 생각하지 못한 아버지는 아들이 장난하는 것이라 여기고 다가가 아들의 머리를 때렸다. 그러자 아들의 시신이 바닥으로 고꾸라졌고 어머니가 아들의 시신 위로 엎어졌다. 아버지는 아들이 죽었다는 사실에 머리가 멍해져 그대로 바닥에 주저앉았다. 이때 화들짝 정신 차린 어머니가 주저앉은 남편을 지나 서둘러 총을 치웠다. 행여 남편도 자살할까 봐 두려웠기 때문이다.

학부모 대부분은 '자극 요법'을 '모욕법'으로 사용한다. 그런데 아이들은 여러 번 모욕을 당하다 보면 정서적으로 막다른 길목에 내몰리게 된다. 이상한 점은 '자극 요법'에 실은 모욕이 포함된 적이 없다는 사실이다. 그런데 요즘 학부모들은 왜 여기에 '부정'과 '모욕'을 더하려 하는지 모르겠다.

제갈량은 동오(東吳)로 출사할 당시 손권을 보고 그를 설득하지 못할 것이라며 손권을 움직이려면 자극법뿐이라고 단언했다. 제갈량은 손권의 자존심이 그 누구보다도 강함을 알고 있었기 때문이다.

게다가 요즘 아이들은 내성이 그리 강하지 않다. 언어폭력이 난무하는 사회에서 존엄에 상처를 입은 아이들에게 왜 '자극 요법'을 사용하려고 하는 걸까?

제갈량의 '자극 요법'에는 두 가지 전제가 포함되어 있다.

첫째, 조조는 매우 강력한 인물이다. 둘째, 유비의 곧은 성품을 고려했을 때 그는 전쟁터에서 목숨을 잃을지언정 절대 투항하지 않을 것이다. 제갈량은 절대 직접적으로 손권을 모욕하거나 부정하지 않았다. 그 대신 그의 마음을 읽어 "영웅은 남에게 얹혀 가지 않는다!"라고 말했다.

그러나 요즘 학부모들의 '자극 요법'에는 두 가지만 포함되어 있다. 첫째, '옆집의 아무개 또는 엄마 친구 아들(혹은 딸)'이 얼마나 잘

낳는지 모른다는 진실 여부를 확인할 수 없는 비교와 둘째, 내가 너를 키운 것은 그야말로 수치라는 말이다.

그러나 내 생각에 비교를 통한 '자극 요법'은 그저 구실에 불과하다. 학부모들은 그저 단순히 부정을 위한 부정을 하고 있을 뿐이다.

이 세상에는 남을 부정해 자신의 독보적임과 박학다식함을 뽐내려는 사람이 너무나 많다. 그러나 이런 식의 형편없는 비판은 오히려 그들의 무지와 나약함을 보여줄 뿐이다.

학부모들은 아이가 무엇인가를 하고 싶어 할 때 일단 그를 부정하는 것이 이득이라고 생각한다. 그래서 아이가 성공하면 자신들의 '자극 요법'이 효과를 발휘한 덕분이고, 아이가 실패하면 자신에게 선견지명이 있다고 여긴다. 자신들은 언제나 옳기 때문이다.

존엄이 없는 교육은 자신감 없는 아이를 만든다. 원가족의 열등감이 아이의 마음을 차지했는데 어느 누가 앞으로의 삶에서 알 수 없는 무언가에 도전을 할 수 있겠는가.

03 _____

이에 나는 세상의 부모들에게 '역자극 요법'을 가르쳐주고 싶다. 아이에게 모욕감을 주면서 아이가 존엄성을 되찾을 수 있길 바라기보다 아이가 가진 특성을 칭찬하여 아이 스스로 이 특성을 유지하기 위해 노력할 수 있도록 하는 것이 낫다.

예컨대 내 학생 중 하나가 과제를 베껴서, 그것도 내가 썼던 글을 베껴서 제출하곤 했다. 나는 그에게 말했다.

"내가 너의 우상일 뿐이라면 네가 내 글을 베껴 쓰는 것만으로 난 만족했을 거야. 하지만 너는 내 학생이니 네게 더 엄격할 수밖에 없어. 너는 나보다 훌륭한 사람이 되어야 하니까. 그래서 네게 불합격을 줄 수밖에 없는 거야. 제때 과제를 제출하기는 했지만 사부의 초식을 베끼기만 하는 제자를 강호에 내보내기에는 사부의 마음이 놓이질 않으니까."

나는 학생을 '사부를 뛰어넘을 제자'라 추켜세우는 방법으로 그가 이러한 이미지를 유지하기 위해 노력하도록 격려했다.

아이를 위해 충분히 존중해주는 성장 환경을 조성해보라. "너는 잘하지 못했어" 하는 대신 "너는 더 잘할 수 있어!" 하고 말하는 거다. "어떻게 이렇게 쓸모가 없니?" 대신 "네 잠재력을 낭비하지 마!" 하고 말해보자.

미국의 심리학자 칼 로저스(Carl Ransom Rogers)는 '안전하고 자유롭고 인간적인 심리환경이 있는 한, 모든 사람의 고유한 우수한 잠재력이 자동으로 실현될 수 있다'고 보았다.

"너를 위해서" 하는 말은 절대 모욕의 방패가 되어서는 안 된다. 정말로 당신을 위하는 일은 매일 당신을 좀 더 자신감 있게, 자신을 조금 더 잘 받아들일 수 있게 하는 것이다.

감정을 조절하는 사람
조절하지 못하는 사람

PART
05

거절하는 법은
삶의 지혜다

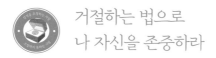

거절하는 법으로
나 자신을 존중하라

01 _____

'직분'을 내세운 거절법은 다른 사람의 부탁을 거절할 때 매우 유용한 방법이다. 이 거절법의 키포인트는 내가 마땅히 해야 할 본분을 다해야 하기에 너의 부탁을 거절하는 것이지, 절대 너를 중요하게 생각하지 않아서가 아니라는 뜻을 전달하는 데 있다.

다른 사람의 부탁을 거절할 때 사람들은 주로 '시간이 없다'는 핑계를 드는데, 사실상 빤한 핑계인 만큼 자칫 오해를 사기도 쉽다.

"시간이 없어서" 하는 말이 정말 시간이 없다는 뜻일 때보다 더 중요한 사람이나 일에 내 시간을 쓰겠다는 뜻일 때가 더 많음을 나도 알고, 상대도 알고 있기 때문이다. 다시 말해서 시간이 없다는 핑계로 거절당한 사람은 상대방이 자신을 중요하게 여기지 않는다고 생각해 우리 본의와 상관없이 우리와 거리를 둘 수도 있다.

게다가 '시간이 없다'는 말이 거짓말이라는 사실을 탄로 나기란 시간문제다. 거짓말을 꿰맞추기 위해 계속 바쁜 척을 할 수는 없는 노릇이니 말이다! 따라서 냉정하게 거절할 바에는 '직분'을 내세워 방패로 삼는 것이 훨씬 낫다. 그러면 적어도 당신의 입장에 대한 이해는 얻을 수 있을 테니까.

02

직분을 핑계 삼는 거절법의 변형인 '전문성을 강조하는 거절법'을 활용할 수도 있다. 이는 말 그대로 자신이 가진 전문성의 가치를 강조하는 방법인데, 전문가가 공짜 도움을 강요받아 난처한 상황에 주로 유효하다.

"컴퓨터 전공했다고 했지? 내 스마트폰 좀 고쳐주라."

"영어 배웠다고 했지? 이 자료 번역하는 것 좀 도와주라."

이런 부탁을 하는 사람은 당신의 상사이거나 공짜로 당신의 전문적 도움을 얻으려는 이가 대부분으로, 부탁을 들어준들 인기가 높아지기는커녕 당신의 전문성을 값싸게 보일 뿐이다.

내 친구 중 변호사인 한 녀석은 항상 다른 친구들로부터 법률적 문제에 관한 질문을 받는다. 한 번 물으면 기본 몇 시간이고, 그의 전문 분야가 아닌 질문도 쏟아지지만 돌아오는 것은 고맙다는 말 한마디다.

나도 SNS를 통해 이런 메시지를 많이 받는다.

'심리상담가라고 들었는데 물어보고 싶은 게 있어서 메시지를 드려요!'

미안하지만 심리상담은 단순 대화가 아닌 진단과 치료가 이뤄지는 과정으로, 내담자와 계약을 맺고 진행되는 엄중한 일이다. 단순 대화라고 하더라도 만에 하나 내게 시간이 없을 수도 있지 않은가? 그래서 나는 항상 '전문성을 강조하는 거절법'을 활용한다.

'죄송하지만 심리상담을 안 한 지 오래라 도움을 드릴 수 없을 것 같습니다. 제 전공은 심리학이고, 심리학이라는 학문을 보급하는 일과 누군가를 상담하는 일은 엄연히 다르니까요. 함부로 영역을 뛰어넘어 상담해드리는 것은 그쪽에 대한 예의가 아닐뿐더러 업계 룰을 흔드는 일이니까 양해를 바랍니다.'

한 어머니는 내 SNS에 방문해 중학교 2학년에 재학 중인 아이의 과외 선생님이 되어주었으면 한다고 말했다. 그녀의 아이가 나의 열렬한 팬이라면서 말이다.

그러나 이 어머니에게 정말 해주고 싶은 말이 있다. 바로 중학교 2학년 과정은 나도 못할 가능성이 크다는 것이다. 물론 '시간이 없어서'가 주요한 이유이고, 좀 더 직설적으로 표현하자면 이런 일은 내게 시간 낭비일 뿐이다.

하지만 이 어머니도 자식을 사랑하는 마음에서 한 부탁임을 이해하기에 나는 '전문성을 강조하는 거절법'을 사용했다.

'어머니, 아이가 저를 좋아해준다니 정말 기쁩니다. 하지만 어머니도 아시다시피 제 전공은 심리학이고, 아이가 저를 좋아하는 이유도 제가 심리학을 공부하기 때문이라고 생각합니다. 제가 제 전문 분야를 내려놓고 아이에게 국어나 수학을 가르친다면, 아이에게는 좋아

하는 우상을 잃고, 또 전문 선생님에게 도움받을 기회를 잃는 일이 되지 않을까요?'

어떤 일을 제대로 하지 못할 거라면 안 하는 게 낫다. 특히 자신의 전문 분야와 관련된 일이라면 더더욱! 가볍게 생각하고 부탁을 들어줬다가 결과가 좋지 않으면 상대는 당신에게 대가를 냈든 안 했든 상관없이 원망과 불평을 늘어놓을 것이다. 이렇게 되면 억울한 것은 물론이고 전문성에 대한 자존심에 금이 갈 수도 있다.

'전문적 기준'을 방패막이로 삼아 함부로 일할 수 없음을 알려주면 상대도 당신에게 도움을 청할 때 필요한 것이 무엇인지를 따져보게 될 거다.

03_____

물론 부탁을 들어줄 때 어떤 조건이 필요할 뿐 들어줄 만한 부탁도 있다. 이런 경우 상대에게 조건을 덧붙일 수 있다.

예를 들어보자. 한번은 상사가 내게 새로 부임한 선생님을 도와 교수법 학술대회에 참가할 수 있도록 하라 했다. 내가 '시간이 없다'는 이유로 이를 거절한다면 분명 상사에게 미움을 사게 될 것이었다. '학교의 규정'이며 '교육청의 정책', '선생님으로서의 직업윤리' 등을 들먹이며 온갖 소리를 할 것이 불 보듯 뻔할 것이고.

다른 사람과 교류하는 일은 일종의 게임과 같다. 상사가 이런 말들을 꺼낸다면, 이는 분명 그의 마음속에 복선이 될 것이다. 물론 나의 언변으로 앞서 언급한 문제들을 조목조목 반박할 수 있겠지만 이 역시 상사의 체면을 상하게 하는 일로, 나한테는 이로울 게 없다.

이럴 때 활용할 수 있는 것이 '조건 보충법'이다.

사실 새로 부임한 선생님은 나름의 자질을 갖추고 있을 테니 내가 아주 바쁘지 않다면 이 부탁을 들어줄 수 있었다. 그래서 나는 즉시 이 선생님을 제대로 도우려면 상사도 나와 함께 그의 수업을 들어보는 게 좋겠다고 말했다. 또한 외부 전문가를 초빙해 모의 강의를 진행하기 위한 경비가 필요하며, 이 일을 업무의 일환으로 인정해줘야 한다는 조건을 달았다. 상사는 시간이 없다고 말했지만, 업무의 일환으로 인정하고 그에 상응하는 보상을 해주겠노라 대답했다.

불합리해 보이는 요청들이 사실 정말 불합리한 것은 아니다. 우리가 그 일을 하기에 '조건'과 '보수'가 맞지 않을 뿐이다. 이런 일에 직접적으로 "No" 하기 전에 어떤 조건이면 "Yes" 할 수 있을지 생각해 보는 것이 좋다.

그러면 적어도 상사는 나를 게으르고 몸을 사리는 무능력자가 아니라 문제를 해결하고자 하는 의지가 있지만 부가 조건을 제시하는 유능한 사람이라고 생각할 것이다. 물론 이렇게 해도 상사의 기분은 썩 좋지 않겠지만 대놓고 거절해서 무능력자의 이미지를 심어주는 것보다는 조건부 수락을 하는 편이 훨씬 낫다.

사실 단칼에 상사의 부탁을 거절한다고 해서 편히 쉴 수 있는 것도 아니다. 거절당한 상사가 화풀이한답시고 더 고된 업무를 배당해 결국 관계가 어그러질 수도 있기 때문이다. 이때 조건을 제시해 상사가 맡긴 업무를 일사불란하게 처리하는 것은 사실 일종의 '현명한 거절법'이다. 조건을 제시하면 상사도 자신이 무리한 부탁을 강요하고 있는 것은 아닌지 한 번쯤 생각할 기회를 갖게 된다.

더 멀리까지 뛸 수 있는 말은 주인에게 먹을 풀을 달라고 하는 법을 배워야 한다.

얼굴을 찌푸리거나 모진 말을 하지 않고도 얼마든지 거절을 할 수 있다. 부드럽게 문제를 처리하고, 침착하게 거절하는 편이 낫다. 성숙한 것처럼 보이지만 속으로는 이미 타인에게 무릎을 꿇은 사람은 이런 당신을 '철없다'라고 생각할지도 모른다. 그러나 그들은 모른다. 자신의 자아를 지키는 것이야말로 현명한 일임을 말이다.

내가 올린 SNS 게시물,
왜 당신의 심기에 거슬리는가?

01 ────────

5년 전 내가 갓 일을 시작했을 때다. 어느 날 문득 반년을 사용한 계산기에 건전지가 없다는 사실을 발견하고 나는 너무 놀라 얼이 빠졌다. 귀신이 곡할 노릇이라고 생각한 나는 이러한 사실을 SNS에 공유했다. 그 결과 나는 나의 상사와 친구들에게 놀림을 샀다. 그들은 말했다.

"이 바보야, 이 계산기는 태양에너지를 이용한 계산기잖아."

지금까지도 이 게시물을 삭제하라는 말이 끊이지 않는다. 잘 모르는 사람이 보면 내가 진짜 멍청한 사람처럼 보일 거라면서 말이다. 그러나 나는 삭제하고 싶지 않다. 멍청한 게 뭐가 나쁘단 말인가? 따지고 보면 다들 현실에 떠밀려 의뭉스러운 미치광이가 되었을 뿐, 순진하고 착한 바보가 아니었던 사람이 없지 않은가. 실제로 한 독자는 이 SNS 게시물이 나를 더 사실적으로 보여주는 것 같다고 했다.

교육 지원을 나간 그해, 국어 과목을 맡았던 나는 수업 시간에 한 인기 작가의 책을 함께 나눠 학생들의 뜨거운 반응을 얻었다. 그 후 SNS에 책의 제목처럼 그렇게 '열심히 하는 것처럼' 보일 필요가 없다는 글을 썼다.

그리고 1년 후 인터넷에 글을 올려 어느 정도 성과를 얻었을 즈음, 한 모임에 참가했다가 우연한 기회에 그 인기 작가를 만나게 되었다. 나는 그에게 당신의 책을 읽고 나도 창작의 길을 걷기 시작했다고 말했다. 못 믿는 눈치인 것 같아 SNS에 올렸던 게시물을 보여주었더니 인기 작가는 웃으며 말했다.

"그럼 당신이 신간을 낼 때 서문은 제가 써드릴게요!"

SNS는 내게 단순히 추억을 저장하는 공간 그 이상이다. SNS를 하는 것은 시간 낭비라는 비판의 글이 많다고 하더라도 나는 여전히 매일 저녁 30분씩 SNS를 둘러보는 습관을 유지하고 있다.

사람들이 무엇에 관심을 가지는지 알 필요가 있어서인데, 이는 내 글의 영감이 되기도 한다. 사람들이 공유하는 게시물을 통해서 인간의 본성과 심리를 분석하기도 한다. 그러나 무엇보다 다른 사람의 SNS를 통해 '인과'를 파악한다. 자기 경험을 통해서만 교훈을 얻는 사람은 지혜로운 사람이라고 할 수 없다. 정말 지혜로운 사람은 다른 사람에게서 교훈을 얻을 줄 안다.

SNS에는 다양한 사람이 있다. 그들의 가치관을 분명하게 이해하고, 처세 방법을 알아보고, 그들이 처한 위치를 확인하며 그들에게서 운명의 인과관계를 발견할 수 있다. 이러한 인과관계가 더해진 것이 바로 이 세상의 실체다.

그래서 나는 앞으로도 SNS를 꾸준히 할 생각이다. 나 또한 인과의 일환이기 때문이다.

02

나는 SNS에 나의 노력을 공유하지 않으며, 물건을 판매하지도 않는다. 물론 관심을 바라는 게시물로 SNS를 도배하는 일은 더더욱 하지 않는다. SNS에서 다른 사람의 감정을 지배하고 싶어 하는 사람에게는 좌절과 실패뿐이라는 사실을 알고 있기 때문이다.

나는 기본적으로 SNS란 모두가 편안해야 한다는 원칙을 가지고 있기에 게시물을 자주 업데이트하지 않는다. 사람들에게 즐거움을 줄 글을 주로 올리고, 나의 청춘을 추억하는 시를 지어 올리는 것도 좋아한다.

하지만 모두가 보기 편안한 SNS를 만들자는 원칙으로 게시물을 올려도 말처럼 모두를 만족시킬 수는 없는 모양인지, 종종 나의 SNS에까지 찾아와 자신의 과시욕을 드러내는 사람들이 있다.

하루는 내 SNS에 이런 사람이 찾아왔다. 그가 이미 나의 방문을 차단한 터라 그가 누군지 정확히 생각나지 않는다. 다만 한 가지, 내가 올린 게시물이 그의 심기를 건드린 모양이었는지 그는 댓글 폭격기가 되어 있었다.

소통의 장이어야 할 SNS가 공격의 장이 되어버린 오늘날 어떤 이는 어떻게 해서든 다른 사람을 깎아내리려고 안간힘을 쓴다. 그렇게 마음에 들지 않으면 그냥 차단해버리면 될 것을 굳이 대놓고 선전할 필요가 있을까? 가만 보면 사람들의 SNS는 일상을 기록하는 도구가 아니라 다른 사람에게 모욕을 주는 전쟁터가 된 것 같다.

무슨 내용을 올리든 당당할 수 있었던 예전의 'Qzone(위치 기반 SNS)'이 조금 그립기도 하다. 어쩌면 몇 년 후 '이불킥'을 부르는 행동이지만 그 역시 둘도 없는 나의 비주류 청춘이 아닌가?

이후에 나는 어떤 사람들의 눈에는 모든 것이 다른 사람을 헐뜯기 위한 재료가 될 수 있다는 사실을 알게 되었다. 밥 먹든, 잠자든, 여행 가든, 게임하든, 연애하든 상관없이 그들의 눈에는 전부 하찮은 행동으로 비치는 것이다. 이에 나는 세 가지 의문이 들었다.

'내가 어떤 게시물을 올려야 그들이 만족할까?'

'그들의 비위를 맞추기 위해 내가 게시물을 올려야 한단 말인가?'

'그렇게 격조가 높은 사람이라면 그는 행복한 삶, 성공한 삶을 살고 있을까?'

다른 건 몰라도 마지막 문제에 대한 답은 가지고 있었다. SNS의 인과법칙에 아주 중요한 한 가지가 있는데, 바로 남에게 모욕을 주기 좋아하는 사람은 결국 현실에서 뺨을 맞게 된다는 것이다.

다른 사람을 모욕해 그들에게 인간관계에 대한 스트레스를 주었기 때문이 아니라 다른 사람을 모욕하는 사람들은 모두 편협한 논리를 가지고 있기 때문이다. 그들은 남들보다 우월한 위치에 있다는 환상 속에서 사는데, 이러한 환상은 사실 그들이 받았던 모욕을 보상받기 위함이다.

이런 사람들은 사랑을 받아들일 능력이 없다.

03

샤오리 씨는 나보다 몇 년 늦게 학교 일을 시작했는데, 그녀는 내가 생각하기에 정말 유치한 게시물을 즐겨 올린다.

'오늘 학교가 정전되었다. 촛불을 밝히고 공부를 하는 학생들의 모습은 정말 감동이었다!'

'학생 하나가 행사 중에 다쳤는데, 모두가 합심해 그를 양호실로 옮겼다. 정말 최고의 단합이다!'

순수함이 물씬 느껴지는 그녀의 게시물을 보고 나는 개인적으로 그녀에게 말했다. 학생에게 관심을 가지는 게 당연하지만, 그런 관심을 굳이 SNS로 옮기지는 말라고 말이다. 그러면 어떤 사람들은 너를 만만하다고 생각해 자질구레한 일들을 떠넘길지도 모른다면서 말이다.

"네, 주의할게요!"

뒤이어 그녀는 진지한 눈빛으로 말했다.

"그런데 저우 선생님, 저는 선생님이 아니잖아요! 제가 선생님처럼 인터넷 강의를 개설해 먹고 살 수 있었다면 저도 이렇게 고생하고 싶지는 않아요. 사람들이 당직이나 시험감독 같은 일들을 제게 넘기려 한다는 거 다 아는데, 그래도 하루 당직이면 돈이 얼마인데요. 사실 대학 진학을 앞둔 동생도 있고, 아버지 건강도 좋지 않으셔서 급전이 좀 필요하거든요."

그녀의 말을 듣고 나는 정작 유치한 사람은 나였다는 생각이 들었다.

사람은 자신의 인식 속에서 살아간다. 우리는 모두 경험과 소양을 지니고 있고, 저마다 특별한 환경을 가지고 있다. 각자 자신의 욕망과 한계 속에서 혼자만의 기쁨을 추구하는데, 나는 내 입장으로 그녀의 행동이 우습다고 판단한 것이다. 사물의 실체를 보려면 자신의 심성과 양심을 되돌아보기만 하면 되는데 말이다.

인간의 본성은 물과 같고, 물에는 뿌리가 없다. 우리가 현재 가진 기초 위에 자신의 마음을 쌓는다면, 예컨대 우월감이 있다고 자신 있어 하고, 부유하다고 쉽게 타인을 업신여긴다면 가장 깊이 있는 진실에 닿기 어렵다.

그녀와 나는 모두 전체 대학 시스템 안의 일부분으로, 그녀가 당직을 서지 않았다면 내가 무슨 시간이 있어서 책을 집필했겠는가. 마찬가지로 내가 학생들에게 만족스러운 수업을 해주었기에 그녀도 학생들과 행사를 진행할 수 있었다. 이를 분명히 직시하는 것이야말로 자아 성장의 관건이다.

SNS에 악성 댓글을 달면 자신의 지혜와 재산을 높여줄 수 있다고 생각하는가? 절대 그렇지 않다! 모든 사람에 대한 관심은 타인을 거울삼아 자신을 직시하고 편협한 인식에서 벗어나 고집스러운 편견을 버리기 위함이어야 한다.

그러니 SNS라는 공간을 좋아해보는 건 어떨까? 다른 사람의 인생에 이러쿵저러쿵 지적하는 공간이 아니라 우리 삶의 소소하지만 확실한 행복을 기록해 세상에 '굿나잇' 인사를 전하는 공간으로 말이다.

내 고통을 이해하지도 못하면서
관대해지라는 말은 하지 말라

01

중국의 만담꾼 궈더강(郭德綱)은 말했다.

"아무것도 모르면서 관대해져야 한다고 말하는 사람이 있다면 그를 멀리하세요. 그에게 벼락이 떨어질 때 당신에게까지 피해가 갈 수 있으니까요."

왜인지는 모르겠지만 요즘은 사람 간에 유대감을 형성하기가 거의 하늘의 별 따기 수준이다. 실제로 다른 사람을 지지해주고 싶어 하는 사람보다는 타인의 상처에 소금 뿌리기를 좋아하는 사람이 훨씬 많다.

우리 어머니는 '사람이 조금만 관대해져도' 모든 갈등을 해소할 수 있다고 믿는 분이다.

중학교 재학 시절 조식(曹植)의 《낙신부》에 푹 빠져 있던 나는 이를 모방한 부(賦) 한 편을 지어 예쁜 학습부장에게 건네주었다. 학습부장은 순식간에 내 시의 팬이 되어 방과 후에도 몇 번씩 내가 쓴 시를 들여다보곤 했다.

그러던 어느 날 호사가인 장이가 이러한 모습을 보고 나의 시를 가로채더니 책상 위에 걸터앉은 채 모두가 들으라는 듯 해괴한 어조로 내 시를 읊기 시작했다. 금세 반 친구들이 몰려와 주위를 에워쌌고, 듣고도 모르겠다는 친구들의 말에 장이는 해석을 덧붙였다.

"위가 같이 경치 좋은 우산에 가자고 학습부장 꼬시는 거잖아! 진짜 뻔뻔하네."

학습부장은 울면서 교실을 뛰쳐나갔고, 나는 녀석에게 다가가 계속 그를 노려보았다.

"왜? 이 안경잡이야!"

그의 도발에 나는 있는 힘껏 녀석을 밀쳐 바닥에 넘어뜨렸다.

결국 이 일은 담임 선생님을 통해 부모님의 귀에까지 들어가게 되었다. 담임 선생님에게 연락받자마자 어머니는 나를 데리고 장이의 집에 사과하러 가려 했다. 나는 언성을 높이며 말했다.

"난 안 가요! 걔가 나더러 안경잡이라고 했단 말이에요!"

어머니는 말했다.

"그렇다고 친구를 밀치면 되겠니? 좀 관대해질 수는 없었어?"

"걔가 반 친구들 앞에서 내가 쓴 시를 모욕하고, 나더러 뻔뻔하다고까지 했다고요!"

"다른 애들 놔두고 왜 너한테 그런 건데? 제대로 처신했었어야지! 엄마라면 안 그랬어!"

정말 말도 안 되는 논리가 아닐 수 없었다. 그렇게 '처신을 잘하고', 그렇게 '마음이 넓으신 분'이 왜 온종일 사람들에게 시달리며 눈물로 세수를 한단 말인가? 억울하거나 속상한 일이 있어도 속으로 삼키는 것이 처신을 '잘'하는 기준이라면 나는 그런 사람이 되고 싶지 않았다.

그러나 끝내 나는 어머니에게 등 떠밀려 장이에게 사과하러 갔다. 당시 상대는 나를 문밖에 세워둔 채 약값을 요구했고, 결국 어머니는 사흘 동안 녀석의 집에 흑설탕 달걀(흑설탕과 달걀을 주재료로 한 중국 건강식의 일종)을 보냈다.

그 후로 나는 더 이상 한부(漢賦)를 쓰지 않았고, 어머니에게 나의 억울함을 이야기하는 일도 그만두었다. 우리 집은 비바람을 막아주는 피난처가 아니라 폭풍우에 흔들리는 조각배임을 알았기 때문이다.

"사람이 좀 관대해야지!"

"왜 남들이 너만 괴롭힐까?"

이 말을 종합해보면 이런 결론을 도출할 수 있다. 다른 사람이 우리를 괴롭히는 이유는 순전히 우리가 관대하지 못해서이며, 우리가 조금만 더 '처신을 잘했더라면' 이런 일도 벌어지지 않았을 것이라는 결론!

결국 다 내 잘못이라는 뜻인데, 당시엔 뭐 그렇다 치자고 했다. 어쨌든 아픔을 호소하는 사람에게는 사탕을 물려줘야 하고, 먼저 손을 쓴 사람에게는 다 이유가 있다고 믿는 이 세상에서 상처받는 쪽은 언제나 애써 강한 척하는 사람이었으니까. 그러나 성인이 되어 나는 어머니의 논리가 틀렸음을 깨달았다.

대학원 재학 시절, 지도교수님을 따라 한 중점 중등학교로 설문 조사를 나갔을 때의 일이다. 중점 학교에서 선생님으로 일하는 기분을 느껴보고 싶었던 나는 나와 유독 대화가 잘 통하는 선생님 한 분에게 HR 시간을 내어줄 수 없겠느냐고 부탁했고, 그녀는 흔쾌히 내 부탁을 들어주었다.

HR 시간을 활용한 나의 수업은 성공적이었지만 이것이 누군가를 자극한 모양이었다. 이튿날 학년주임 선생님이 나와 지도교수님을 찾아와 내가 '선을 넘는 행동'을 했다며 계속 이런 식이면 더 이상 연구 프로젝트에 협조할 수 없을 것이라고 경고했다. 지도교수님은 상대에게 정중히 사과한 후 내게 물었다.

"선생님이 되어보니 좋던가?"

큰 사고를 쳤음을 깨달은 나는 교수님에게 연신 용서를 구했다. 그러자 교수님이 너그럽게 말했다.

"프로젝트야 다시 할 수 있는 거고. 프로젝트 하나를 잃고 좋은 선생님을 얻을 수 있다면 나는 그럴 가치가 있다고 생각해!"

그제야 나는 비로소 진짜 관대함이 무엇인지를 알았다. 진정한 관대함이란 실력자가 자신에게 무례를 저지른 사람을 용서할 때 드러나는 마음으로 봄바람처럼 따뜻한 느낌의 것이었다. 어머니가 내게 가르쳐준 '관대함'은 그저 눈속임용으로 자신의 분노조차 표현하지 못하는 일종의 나약함이자 비능률적인 자기 보호에 지나지 않았다.

살면서 '관대한 척'을 해야 할 필요는 없다. 반대로 마음을 가라앉히고 자신의 상처를 보듬으며, 자신의 감정을 이해하고, 자신의 아픔에 대해 생각하는 시간이 필요하다. 담담한 척하는 것은 일종의 위선이며, 아픔을 마주하는 것이야말로 진정한 강인함이다.

감성지능이 높은 사람은 타인에게 공격받았을 때 상황에 따라 적당한 감정을 표출한다. 예컨대 누군가가 자신에게 무례를 범했을 때 자신이 상대보다 높은 위치에 있고, 또 상대에게 연민과 동정의 마음을 품고 있다면 관용을 선택할 수 있다.

한번은 시험감독을 하다가 한 남학생이 복습자료를 제출하지 않고 몰래 숨기는 것을 본 적이 있다. 나는 그 자리에서 자료를 압수하지 않는 대신 또 한 번 불필요한 움직임이 눈에 띄면 그 즉시 부정행위를 한 것으로 간주하겠다고 말했다.

소위 관용이란 함부로 남용할 수 있는 게 아니다. 첫째, 관용은 자발적인 선택으로 베풀어져야 하며, 둘째, 관용을 베푸는 자가 상대에게 타격을 줄 만큼의 확실한 실력을 갖추고 있어야 한다. 또한 자신이 손에 쥔 무기를 내보이며 다음에는 예외가 없을 것임을 분명히 해야 한다.

상대가 그리 큰 무례를 범하지 않았고, 또 이를 상대할 여력도 없을 때는 용인을 선택할 수 있다.

SNS에 올리는 글마다 '악플러'가 출동한다면 그들을 무시하는 수밖에 없다. 우리가 아무리 뛰어난 말솜씨로 그들을 몰아붙여도 그들의 생각을 바꿔놓기란 쉬운 일이 아닌 데다 끊임없이 생겨나는 악플러를 막을 수도 없기 때문이다. 그들을 상대하는 일보다 더 중요한 일이 많으니 그들은 그냥 놔두자. 단, 봐주는 데도 정도가 있어야 하는 법이니 필요할 때는 가차 없이 악플러를 차단할 필요가 있다.

상대가 자신의 마지노선을 건드려 당장에 반격을 가하고 싶은데 시기나 조건이 여의치 않다면 인내를 선택할 수 있다.

어떤 작가들은 일명 '글 세탁' 방법으로 내가 심혈을 기울여 완성한 글을 가져다가 자기 말로 푼 다음 버젓이 자신의 SNS에 올리기도 한다. 엄연한 표절이지만 표절이라는 티가 나지 않게 말이다. 나는 이런 '글 세탁' 행위에 대해 무관용의 원칙을 주장하고 있지만, 나혼자 목소리를 내봐야 소용이 없다는 걸 알기에 상습범의 꼬리가 잡혀 그와 결판낼 날을 기다리고 있다.

상처받았음에도 상대가 가진 힘이 두렵다고 구석에 처박혀 그저 눈물을 흘리며 억울하다 혼자 욕설을 퍼붓는 것은 나약한 행동이다. 사실, 나약함은 별문제가 되지 않는다. 자신의 나약함을 인정하는 것이 곧 용기 있는 나로 거듭나는 시작이 되기 때문이다. 그래서 나는 지금부터 위축됐던 나를 기억하고, 그때의 그 억울함을 기억해 더 강하고 더욱 책임감 있는 내가 될 생각이다.

인간의 성장은 자신의 감정을 이해하는 법을 배우는 것에서부터 시작된다. 그러나 우리는 나약하기 짝이 없음에도 나약한 자신을 마주하려 하기는커녕 자신을 위해 허울 좋은 평계를 갖다 붙이기에 바쁘다. 마치 자신에게는 무한한 자원과 이를 베풀 능력이 있는 것처럼 관대한 척 어리석은 행동을 하면서 말이다.

'나의 고통'을 이해하지도 못하면서 관대해지라고? 그런 말일랑 하지 마라. 나의 관대함은 나 자신을 속이기 위함이 아닌, 다른 사람을 이해하기 위해 존재하는 것이다.

03

친구가 상처받았을 때 어떻게 그들을 위로해야 할까?

관대해지라는 말은 절대 하지 말아야 한다. 그 말을 입 밖으로 내는 순간, 친구는 당신이 자신을 이해하지 못한다고 생각할뿐더러 자기 일이 아니라고 쉽게 말한다고 오해할 수 있다. 그뿐만 아니라 자신보다는 자신에게 상처를 준 나쁜 사람의 '고충'을 더 잘 이해하는 당신의 모습에 당신을 나쁜 사람과 같은 부류라고 생각할 수도 있다.

친구를 제대로 위로하려면 첫째, 친구의 감정을 이해하고 그와 같은 감정을 유지하는 법을 배워야 하는데, 이 방법을 '공감'이라고 한다.

조예(曹叡)의 총신 벽사(辟邪)가 바로 공감의 달인이었다. 사사를 당한 어머니에 대한 그리움에 조예가 몸져누웠을 당시 대신들은 입을 모아 군왕의 기개를 지키라고 말했지만, 벽사는 조예를 동정하며 이렇게 말했다.

"대신들도 아시겠지만, 이 위나라를 지탱하고 있는 사람은 바로 어미를 잃은 자식입니다!"

조예는 이 말에 바로 눈물을 쏟았다.

둘째, 친구가 쌓인 감정을 다른 쪽에 분산할 수 있도록 이끌어주는 방법을 배워야 한다.

화공이 어머니의 얼굴을 제대로 그리지 못하자 잔뜩 화가 난 조예가 화공을 죽이겠다고 달려들었을 때, 곽태후가 이를 말리다 하마터면 자신의 목숨도 내놓을 뻔한 적이 있었다. 이에 벽사는 조예에게 어머니가 생전에 입었던 옷을 입고 화공에게 그림을 그리라고 하면 어떻겠느냐는 제안을 했고, 그렇게 탄생한 초상화에 조예는 깊은 만족감을 표했다.

황제를 여장 남자로 만드는 다소 황당한 아이디어였지만 벽사는 이 아이디어로 조예의 상처를 치유해주었다. 황제도 결국 자신을 이해해줄 누군가가 필요한 평범한 인간이었기 때문이다. 마찬가지로 우리도 우리의 마음을 위해 약간의 공간을 남겨줄 필요가 있다.

요즘 같은 시대에 주변 사람들에게 격려와 지지를 바라는 것은 사치다. 하지만 그래도 그들이 우물에 빠진 사람에게 무심코 돌을 던지지 않길 나는 진심으로 바란다. 그것만으로도 이미 엄청난 선의이기 때문이다.

상처로부터 멀어지려면 '관대'해져야 하는 것이 아니라 '기억'해야 한다. 제대로 기억해두어야 다른 내가 될 수 있고, 다른 내가 되어야 남들과 달라질 수 있다.

할 말을 삼키면
자기 마음에 비수가 꽂힌다

01 _____

우리 학교 예술대학의 한 선생님은 여태까지 단 한 번도 치마를 입고 출근한 적이 없으며, 팔이 드러나는 옷도 입을 엄두를 내지 못했다. 그녀의 팔은 남편의 가정폭력이 남긴 상처로 얼룩져 있었기 때문이다.

하루는 피곤함을 이기지 못한 그녀가 남편을 기다리지 못하고 잠이 든 적이 있었다. 밤늦게 귀가한 남편은 그녀가 자기 야식을 챙겨놓지도 않고 잠을 잔다는 사실에 분노해 정수기에서 온수를 받아다 그녀의 얼굴에 끼얹었다.

다행히 큰 화상을 입지는 않았지만, 이튿날 그녀의 얼굴은 어김없이 빨갛게 부어올랐다. 그럼에도 그녀는 수업을 위해 학교에 나왔다.

속사정을 아는 학생 하나가 그녀의 상황을 학교에 알렸고 학교 노조가 개입하려 했지만, 그녀는 자신의 부주의로 다친 것뿐이라며 이를 거절했다. 우리 학교에 몸담고 있는 법학계 권위자도 그녀에게 법률 지원을 해주겠다고 나섰지만, 그녀는 이 또한 거절했다.

친구인 우리도 더 이상 가만두고 볼 수 없을 정도였음에도 그녀는 항상 일을 시끄럽게 만들고 싶지 않다며 우리의 입단속을 했다. 그녀의 가족들이 이 일을 알면 안 된다면서 말이다. 대체 왜일까? 잘못된 생각들이 이미 그녀의 머릿속을 가득 채우고 있었기 때문이다. 가정폭력에 시달리고 있다는 사실을 바깥으로 알려선 안 된다는 그녀의 이유는 이랬다.

첫째, 이것은 내 팔자니까. 어떻게 반박해야 좋을지 모르겠다는 말이었다. 신을 속세로 불러 따져 물을 수도 없는 노릇이고, 그녀가 정말 가정폭력에 시달릴 팔자인지 아닌지는 달리 증명할 길이 없었기 때문이다. 그러나 그녀는 이것이 자신의 팔자임을 믿어 의심치 않았다.

둘째, 남편은 원래 그런 사람이라 자신이 뭘 어떻게 해도 그와 잘 지낼 수가 없으니까. 이상했다. 이것은 침묵의 이유가 될 수 없지 않은가! 남편과 잘 지낼 방법이 아예 없다면 그의 곁을 떠나야 마땅한 것을 어떻게 그녀는 이를 참아내야만 하는 일로 받아들일 수 있단 말인가!

셋째, 자신이 떠나면 그는 나와 내 가족에게 해를 입힐 것이니까. 며칠 전 잘못을 인정하기도 했으니 시간을 두고 그를 감화할 수 있을 것이다.

그녀의 이러한 생각은 사실과 거리가 있었다. 그녀의 남편은 지금도 끊임없이 그녀에게 상처를 입히며, 그녀의 가족까지 위협하고 있기 때문이다. 사실상 폭력은 더 심해지면 심해졌지, 절대 약해지지 않는다.

캐나다의 신경심리학자 도널드 헵(Donald O. Hebb)은 이러한 행동을 '감정의 납치(혹은 편도체 납치)'라고 부른다. 편도체는 우리의 대뇌에서 감정 유발과 식별, 조절을 담당하는 핵심적인 뇌 구조로 대뇌의 자체 안전 점검 시스템과도 같은 역할을 하며 시시각각 우리가 처한 환경을 스캔한다.

그러나 편도체에는 나쁜 습관이 하나 있다. 그것은 바로 부정적인 경험에 자동으로 관심을 보인다는 것이다. 편도체는 부정적 경험을 획득하는 즉시 이를 우리 뇌의 장기기억장치로 보낸다. 그러나 긍정적인 경험은 우리가 12초 이상 관심을 두어야만 기억장치에 저장된다.

그런 까닭에 아흔아홉 가지의 즐거운 일이 나쁜 일 하나에 잊히고, 만 원을 번 기쁨이 만 원을 잃은 슬픔을 이기지 못하는 것이다. 편도체는 이처럼 부정적인 경험에 관심을 보이는 악습으로 순식간에 대뇌를 납치해 대뇌로 하여금 잘못된 결정을 내리게 만든다.

우리가 어떤 기회를 잃었을 때 대뇌는 우리에게 이렇게 속삭인다.

"괜찮아, 다음에 또 기회가 있을 거야."

그러나 우리가 위협받는 상황에 빠졌을 때는 이성적 사고를 마비시켜 '어차피 오랜 시간 이어질 고통이니 발버둥을 쳐봐야 소용없어' 하는 판단을 내린다. 결국 비관적인 생각에 만사가 귀찮아지고,

삶에 회의적이며 모든 것이 무가치하게 보이도록 만드는 거다.

관련 문헌에 따르면 편도체는 과거 열악한 자연환경에서 살았던 인류에 걸맞게 진화된 시스템으로 고통을 견뎌내도록 도움을 주게 되어 있다. 그러나 편도체는 알 턱이 없다. 이미 환경이 변했고, 인류가 지구를 지배하고 있으며, 개인의 안전을 보장해줄 법률 시스템을 마련해 어떤 고통은 참아낼 필요가 없다는 사실을 말이다.

대뇌에서 후천적 학습과 적응을 담당하는 해마가 선천적 감정 시스템의 오류를 바로잡지 못하고 이에 납치되었다면 이는 감성지능이 낮다는 방증이다.

02

그렇다면 우리는 어떻게 해야 할까?

긍정적인 경험이든 부정적인 경험이든 모두 12초 이상 관심을 유지해 부정적인 경험이 우리의 대뇌를 선점하지 않도록 해야 한다. 가장 좋은 방법은 입 밖으로 내는 것이다. 꼭 듣는 이에게 이해받기 위해서가 아니라 우리 자신의 이해를 돕기 위해서다.

심리학자 다니엘 에이먼(Daniel G. Amen)은 부정적인 감정이 생겼을 때 이를 입 밖으로 내지 않으면 부정적인 감정에 대한 의문을 제기할 수 없어 생각이 점령당하게 되고, 그에 따라 신체도 반응하게 된다고 보았다.

주변에 어느 정도의 사회 경험과 지혜를 가진 친구들이 있다면,

그들은 우리의 생각이 꼭 팩트는 아니라는 사실을 우리 스스로 일깨울 수 있도록 도움의 손을 내밀 것이다.

한때 〈미스티〉라는 드라마가 한국은 물론 중국에서도 호평받으며 큰 인기를 얻었던 적이 있다. 이 드라마 속 여주인공 고혜란에게 네티즌들은 '여신' 수식어를 붙여주었다. 이미 마흔의 나이였지만 외모도, 나이도, 가족도 그녀에게는 제약이 될 수 없었다.

극 중 간판 앵커로 등장하는 그녀의 생활신조는 바로 '위기일수록 정면 돌파해야 한다'였다. 그녀가 살인 사건의 용의자가 되어 경찰 소환 조사를 받았을 때 경찰서 밖에는 이미 기자들이 진을 치고 있었다. 그녀의 변호사를 자청한 그녀의 남편은 용의자에게 최고의 방어무기는 묵비권이라며 뒷문으로 몰래 빠져나갈 것을 권했다. 그러나 그녀는 피할 이유가 없다며 멋지게 정문으로 걸어 나가 쏟아지는 기자들의 질문에 냉정하게 말한다.

"진실 확인보단 선정적이고 자극적인 보도로 대중의 관심부터 끌고 보자는 일부 언론, 아니면 말고 보자는 이런 식의 무책임한 기사로 개인의 명예뿐만 아니라 언론의 신뢰도까지 무너지는 일이 더 이상 되풀이되지 않았으면 합니다. 우리 품격 있게 좀 가자, 응?"

고혜란의 이 말은 네가 생각하는 것이 꼭 팩트는 아니라는 뜻이었다. 어쩌면 그녀가 극 중에서 한 말처럼 우리는 살면서 막다른 곳에 부딪힐 때가 많다. 더 이상 앞으로 나아갈 수도 없고, 물러설 수도 없는 상황. 그런 상황에서 우리는 절대 도망치거나 피해서는 안 된다. 내가 부서지든가, 네가 부서지든가 무조건 정면 돌파를 해야 할 필요가 있다.

무엇보다 절대 지지 않으려면 입 밖으로 내는 법을 배워야 한다. 말은 힘이 있는 무기이기 때문이다.

03

많은 사람이 폭력에 시달리면서도 울분을 참으며 침묵하는 결정적 이유는 말을 해도 소용이 없다고 생각하기 때문이다. 마찬가지로 누군가에게 괴롭힘을 당할 때 그냥 참는 쪽을 선택하는 이유도 상대를 말이 안 통하는 사람으로 생각해서다. 그러나 이는 잘못된 생각이다. 우리는 그저 두려움 때문에 상대와 대화할 엄두를 내지 못하고 있는 것뿐이다.

사실 상대가 우리의 말에 귀를 기울이든, 기울이지 않든 그와 적극적으로 대화를 나눌 필요가 있다. 대화를 통해 상대방의 생각을 이해하고, 자기 입장을 드러내는 일 또한 반격을 위해 밟아야 할 중요한 단계이기 때문이다.

군대를 조직해 레벨업을 하고, 성을 공격해 재물을 빼앗는 시스템이 주를 이루는 한 게임이 있다. 이 게임에서는 베테랑 유저가 초보 유저의 성을 약탈하는 일이 비일비재한데, 내가 이 게임을 한창 플레이하다 깨달은 바가 있다. 바로 견고한 성을 만들거나 24시간 스마트폰을 들여다보며 전전긍긍하는 것보다 강력한 소통 능력을 키우는 것이 자신을 보호할 최고의 방법이라는 사실이다. 내게 이러한 깨달음을 준 사람은 다름 아니라 내게 괴롭힘을 당하던 초보 유저들이었다.

내게 공격당한 한 유저는 이렇게 물었다.

'왜 날 공격하는 겁니까? 이 자원들이 그렇게나 필요하던가요? 이 자원들로 방어를 강화해 매일 약탈당하는 신세를 면하려는 겁니까?'

순간 나는 양심의 가책이 들어 그의 성을 약탈하는 것을 포기했다.

또 다른 외국인 친구는 내게 이런 메시지를 보냈다.

'내 성에서 나가주세요. 내가 이렇게 말하는 이유는 내가 약자이기 때문입니다. 언젠가 힘을 키우면, 당신 같은 강자에게 결투를 신청할 겁니다!'

나는 메시지를 보낸 이 유저에게 호감이 확 생겼다.

당 태종 이세민은 현무문 정변을 통해 황제의 자리에 오른 후, 태자 이건성(李建成)과 그의 측근들을 모두 숙청했다. 그러나 이건성의 선마(洗馬, 고대 관직명으로 시종관이라고도 한다)였던 위징만은 살려주었고 황제 즉위 후 그를 중용하기까지 했다.

사실, 위징은 일찍이 이세민의 야심을 간파해 태자 이건성에게 그를 독살할 것을 여러 번 권한 바 있었다. 이를 모를 리 없었던 이세민은 정전으로 위징을 불러다 호통치며 물었다.

"너는 어찌하여 우리 형제 사이를 이간질했는가?"

지켜보던 이들도 겁을 먹을 정도의 분위기였지만 위징은 평소와 다름없이 태연하게 대답했다. "선(先)태자께서 소신의 말을 들으셨다면 오늘 같은 변고는 당하지 않으셨을 겁니다"라고.

참으로 현명한 대답이었다. 이번 정변이 자신의 이간질과 상관없는 문제임을 분명하게 인지하고 있다는 사실을 알리면서 '선태자'라는 단어를 사용해 진왕 전하에 대한 복종의 뜻을 전했기 때문이다. 그뿐만 아니라 그의 말에는 네가 나를 죽이면 나의 충고를 듣지 않은 이건성처럼 너도 같은 말로를 맞이하게 될 것이라는 뜻도 깔려 있었다.

이후 이세민은 제도적으로 언로(言路)를 보장했고, 이 정책의 기치를 올린 이가 바로 위징이었다.

심리학에서는 이러한 말하기 기술을 '이해 시도법'이라고 부르는데, 강력한 힘의 공격을 받을 때 다음과 같은 방법을 사용하면 자신을 보호할 수 있다.

1. 상대의 행동이나 동기를 이해한다는 뜻을 밝힌다.
2. 상대가 가진 힘을 인정한다는 뜻을 전달한다.
3. 자신의 잠재력을 표현해 자기 힘이 강해지면 심각한 결과를 불러올 수 있음을 경고한다.
4. 상대가 더 먼 목표에 관심을 두도록 유도한다.

고난도의 대화이지만 이런 말을 하는 것이 울분을 참으며 침묵하는 것보다 더 효과적으로 자신을 지키는 방법이다. 상대가 폭행을 멈추려 하지 않는다고 해도 온 힘을 다해 저항해야 한다. 그래야 상대방의 연민을 갈구하는 미련한 마음도 깨끗이 쓸어버릴 수 있다.

04

인터넷에는 흔히 이런 말이 떠돈다.

'침묵은 금이다.'

'감성지능이 높은 사람이 되려면 입을 다무는 법을 배워야 한다.'

과연 맞는 말일까?

'골경재후(骨鯁在喉)'라는 말이 있다. 마음속에 있는 말을 꺼내지 못해 마치 생선 가시가 목구멍에 걸린 것처럼 몹시 괴로워함을 비유하는 말이다. 말로 상처를 주지 않는 사람이 되려면 영원한 침묵만이 능사는 아니라는 뜻이다. 침묵은 공격성을 유발하는 감정을 차곡차곡 쌓이게 한다. 이것이 끝내 폭발한다면 아주 강력한 감정을 수반하는데, 이것이야말로 사람에게 큰 생채기를 낸다. 침묵에는 대가가 따르는 법이다.

침묵을 존중하는 왕샤오보 역시 《침묵하는 다수》를 통해 그의 주변에는 그와 같은 성격을 가진 사람이 너무 많은 것 같다고 말했다. 공적인 자리에서는 아무 말도 하지 않으면서 사적인 자리에서는 재담이 끊이질 않는다. 다시 말해서 믿을 수 있는 사람에게는 무슨 말이든 하고, 믿을 수 없는 사람에게는 아무것도 말하지 않는다는 뜻인데 이런 식의 침묵은 비겁하다.

때로는 말을 하는 것이 금이고 침묵이 자신을 찌르는 칼이 되기도 한다. 입 밖으로 꺼내지 못한 많은 말은 흔히 자기 자신을 향한 공격으로 변하여 10배의 해를 입히기 때문이다.

바웨창안의 글 중 이런 대목이 있다.

그는 할 말이 있었지만 입을 열지 않았다.

됐어, 앞으로 말할 기회도 많으니까.

하지만 나는 아무 말도 들을 수 없었다.

입 밖으로 내지 않은 말은 그냥 삼키면 그만이고,

다 못한 이야기는 그냥 넘어가면 그만이다.

아니다. 당신과 나의 이야기는 한 번도 끝난 적이 없다. 그러니 말을 하라!

인간은 침묵 속에서 폭발하지 않는다. 침묵 속에서 더욱 침묵할 뿐이다.

널 잊을 테지만
용서는 하지 않겠다?

사람들에게 잘 알려진 말 중에 남을 용서하는 일이 곧 자신을 자유롭게 놓아주는 일이라는 말이 있다. 그러나 어떤 사람들은 또 이렇게 말한다.

"온 세상을 용서해도 결국 자기 자신은 상처를 입는다."

용서가 자신을 자유롭게 하는 일인지, 아니면 자신을 괴롭히는 일인지 다들 헷갈리는 모양이다. 결론부터 말하자면 '용서'는 한 사람이 보여줄 수 있는 감정자제의 극치이자 강인한 마음의 발로라고 할 수 있다.

사실, 우리를 괴롭히는 건 '용서'하는 일 그 자체가 아니라 용서 이면의 것들이다.

'용서하고 억울함을 마음속에 감출 것인가, 용서하지 않고 증오를 기억 속에 새길 것인가?'

우리는 억울함과 증오라는 두 감정 중 어느 한쪽을 일방적으로 제거하는 것이 아니라 두 감정의 균형을 찾을 필요가 있다. 그래야 마음의 균형을 해치지 않고 진정으로 자신을 자유롭게 놓아줄 수 있기 때문이다.

물론 감정통제는 그냥 참는다고 되는 일이 아니다. '감정 유발의 심층적인 원인'과 '감정분출에 따른 결과', 그리고 '각 감정 간의 상호관계'에 대해 충분히 인지한 후, 이를 바탕으로 이성과 감성이 균형을 이루도록 대뇌피질이 내린 결정에 따라 이뤄진다.

용서는 마음이 약해져서, 또는 정이라는 굴레 때문이 아니라 지혜와 당시 상황에 대한 판단을 바탕으로 이뤄져야 한다.

02

사람의 마음에 대한 이해와 처세의 지혜가 어느 정도 쌓이면 그리 어렵지 않게 감정을 조절할 수 있다. 그리고 용서하지 못할 일도, 잊을 수 없는 일도 더 이상 존재하지 않게 된다.

세상 모든 일은 '도(道)'와 '리(理)'의 고리를 벗어날 수 없기에 자연의 법칙을 따라 순리대로 흘러가도록 두면 된다.

'용서받아야 할 사람'에게 상처를 줄 수 있는 능력을 갖추어야 비로소 용서를 논할 수 있다. 용서 여부는 상대를 용서해 그가 '적당한 선에서 행동을 멈출 수 있느냐' 아니면 '한술 더 떠 행동하느냐'에 따라, '용서'와 '복수' 중 어떤 방법이 상대의 더한 행동을 막을 수 있느냐에 따라 결정된다.

엘러드(Ellard)는 '공정성 이론(Equity Theory)'에 근거하여 너그러운 용서란 무례를 당한 사람이 무례를 범한 사람에 대한 불만과 원망을 포기하는 것을 뜻한다고 보았다. 이러한 '포기'에 무례를 범한 사람은 무례를 당한 사람에게 더 많은 빚을 졌다고 생각하고, 이로써 무례를 당한 사람에게 죄책감을 느낀다는 것이다.

그리고 죄책감과 회한 등의 감정을 인간관계 회복을 위한 중요한 요소로 보았다. 양측의 관계 회복이라는 토대 위에서 다시금 상처를 입힐 가능성은 자연히 낮아진다.

이런 일화가 있다.

자신의 학생 무고로 다리 하나가 부러지고 인생 전체가 망가진 한 노교수가 있었다. 여러 해가 지나고 그가 다시 강단에 섰을 때, 그는 당시 자신을 비판한 학생을 용서했지만 단 하나, 자신을 무고한 사실만큼은 용서하지 않았다. 학생이 울면서 용서를 빌자 노교수는 말했다.

"오늘 이후로 다시는 만나지 맙시다. 당신을 미워하지 않지만, 당신을 용서하지도 않을 겁니다!"

노교수가 이렇게 한 데는 그의 마음이 넓어서이기도 했지만, 필연적 원인이 있었다. 바로 어느 시대의 특수한 환경에서 벗어났어도 선생님이라는 직업을 가진 사람은 '부처님 같은 마음'을 가질 필요가 있었기 때문이다.

용서는 그저 자신이 편안하게 살고 싶어서 하는 것, 그뿐이다.

03

   심리학자 켈른(Kelln)은 많은 사람이 용서를 택하는 이유가 용서하는 것이 정말로 최선책이라고 생각해서가 아니라고 말한다. '복수'를 하는 것보다 '용서'를 하는 것이 심리적으로 보나 실질적인 자원으로 보나 소모가 적어 힘이 덜 드는 데다 용기를 낼 필요가 없기 때문이라는 것이다.

   그러나 이런 생각을 품고 있다는 사실을 침해자에게 간파당하면 그가 한술 더 떠 무례를 범할 것이 불 보듯 뻔해진다. 침해자는 우리의 자원을 남김없이 빼앗고, 우리의 존엄을 철저히 짓밟을수록 우리가 반격할 힘을 잃게 되어 자신이 더 안전해진다고 생각할 것이다.

   베이징대학교 유학생이 장문의 편지로 부모님의 '죄상'을 고발했는데, 이 모든 것은 부모의 '과도한 사랑'에서 비롯되었다. 그는 12년간 명절에 집에 내려가지 않았고, 이것도 모자라 부모님과의 연을 끊기로 했다. 혹자는 그를 낳아주고 길러주었으니, 그가 부모님을 용서해야 마땅하다고 말한다.

   그러나 심리학자 우다트(Woodyatt)와 헤드릭(Hedrick) 그리고 벤첼(Wenzel)의 말에 따르면 우리가 용서를 선택하고, 상대방이 미안함과 참회의 뜻을 표현해도 망가진 인간관계에 대해 다시 생각해볼 수는 없다.

   사실 맨 처음 아들은 부모와 연을 끊을 생각이 없었다. 그래서 자신의 심리상담 결과를 집으로 보내기도 하고, 심리학 박사과정을 밟아 자기 자신을 치료할 생각까지 했다. 그러나 그의 부모님은 그렇게 생각하지 않았다. 그의 아버지는 심리상담가가 부모와 자식 사이를 이간질해 아이가 식구들에게 화풀이하도록 만들었다고 생각했다.

부모들은 자신들의 '방식이나 방법'에 약간 문제가 있었을 뿐, 자신들의 통제가 지나쳤다고 생각하지 않았다.

"아이는 그대들의 소유가 아니다."

이는 유럽과 미국에서 활동한 레바논의 대표 작가 칼릴 지브란(Kahlil Gibran)이 부모와 자식 간의 관계에 대해 한 말이다. 모든 부모에게 바라건대, 지브란의 이 말을 잣대로 가족관계를 재정의해보길 바란다.

너무 쉽게 용서를 말하는 사람은 증오를 모르는 사람이고, 너무 쉽게 복수를 선택하는 사람은 자신을 아낄 줄 모르는 사람이다.

최고의 복수는 증오가 아니라 마음속에서 우러나오는 무관심이다. 무엇 때문에 나와 상관없는 사람을 미워하는 데 힘을 쓴단 말인가?

이런 용서야말로 적들의 화를 돋울 수 있다. 어떻게 해도 우리에게 상처를 줄 수 없을 테니 말이다.

나는 당신을 용서하지 않지만, 당신을 잊을 것이다. 그래야 더 많은 시간을 다른 사람들의 좋은 점을 기억하는 데 할애할 수 있을 테니까.

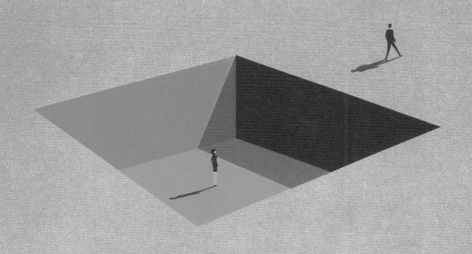

나는 당신을 용서하지 않지만, 당신을 잊을 것이다.
그래야 더 많은 시간을 다른 사람들의 좋은 점을 기억하는 데
할애할 수 있을 테니까.

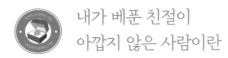

내가 베푼 친절이
아깝지 않은 사람이란

01 _____

최근 언론이 보도한 사건 하나가 네티즌들의 분노를 샀다. 사건의 내용은 대강 이렇다.

한 버스가 정류장에 도착하자 승객들이 우르르 몰려들었다. 그중에는 한 노인과 붉은 네커치프를 맨 초등학생이 있었다. 버스에 올라탄 후 초등학생은 자신의 민첩함을 십분 이용해 노인의 앞으로 파고들어 운전기사의 바로 뒷좌석을 차지했다.

그런데 이것이 문제가 될 줄 누가 알았겠는가! 노인은 이 모습을 보고 몹시 분개하며 남아 있는 다른 빈자리는 거들떠보지도 않고 다짜고짜 초등학생의 두 다리를 잡더니 통로 쪽으로 있는 힘껏 끌어내렸다. 현격한 힘의 차이에 초등학생은 속수무책으로 자리에서 끌려나와 바닥에 내동댕이쳐졌고, 이내 머리를 부여잡으며 고통을 호소했다.

버스 기사는 그 즉시 차를 세운 후 노인을 저지했고, 다른 승객들 역시 노인이 더 이상 난폭한 행동을 하지 못하도록 말렸다. 그러나 노인은 오히려 당당하게 초등학생이 어른을 공경할 줄 모른다며 맹비난을 퍼부었다.

잠시 후 버스 기사의 신고로 병원으로 이송된 초등학생은 뇌진탕을 진단받았다.

'내 집 어른을 모시는 마음으로 모든 어른을 공경하고, 내 아이를 사랑하는 마음으로 모든 아이를 보살펴라(老吾老以及人之老, 幼吾幼以及人之幼)'라는 옛말이 떠오르게 하는 사건이 아닐 수 없다.

당시 노인이 초등학생한테 부드럽게 자리 양보를 부탁했다면 설령 이 학생이 자리를 양보하지 않았더라도 주변 사람들이 이를 두고 보지 못하고 노인에게 자리를 내주었을 것이다. 그랬다면 모두의 비난은 초등학생에게 향했을 것이다.

이처럼 노인이 초등학생에게 다짜고짜 폭력을 휘둘렀다는 뉴스는 자발적으로 자리를 양보하는 사람들을 갈수록 줄어들게 할 뿐이다.

인도의 국민배우 아미르 칸(Aamir Hussain Khan)이 한 프로그램에 출연해 "노인 공경이란 모든 이로부터 존경받을 만한 분들에 대한 예의이지, 단순히 나이 많은 사람에 대한 예의가 아니다"라고 말했다.

기사 속 노인처럼 거들먹거리는 사람은 비단 노년층만이 아니라 모든 연령대에 고루 분포하고 있다. 그들은 항상 '나는 약자니까 약자의 권리가 있어'라는 표정으로 날강도 같은 논리를 들며 상대의 도덕성을 운운한다.

그러나 이런 사람들을 정말 '약자'라고 할 수 있을까? 걸핏하면 욕설을 퍼붓는 박력과 조금만 기분이 나빠도 대판 싸움을 벌이는 추진력, 그리고 옆에서 얼마나 많은 사람이 손가락질하든 조금도 물러서지 않는 저항력을 보라!

'약하다'는 것은 그들의 생각일 뿐, 이런 사람들은 절대 약자가 아니다. 그들은 이미 자신의 가치관을 '이화(異化)'했다. 세상의 모든 행동규범과 도덕규범이 자신들을 중심으로 돌아간다고 말이다.

자리 양보를 예로 들면 그들은 이렇게 '이중 잣대'를 적용한다.

'나는 노인이라 몸이 안 좋으니 너는 내게 자리를 양보해야 해. 왜? 너는 젊어서 건강하니까.'

젊은이라 해도 마찬가지인데, 그들은 이런 논리를 편다.

'나는 출퇴근하느라 완전 녹초가 되었어. 청년들은 나라의 경제를 책임지는 중추이니 놀고먹는 너희들은 전부 내게 자리를 양보해야 해.'

이미 '이화'된 사람들은 연령대나 신분에 상관없이 타인 모두가 자신에게 양보하고 관심 두는 걸 당연시한다. 그리고 그들은 권리만을 따지며 책임은 논하지 않는다.

심리학자 앨고(Algoe)는 개인 감정평가 시스템의 오류로 자신이 상대에게 이해와 아낌과 배려를 받고 있다는 사실을 감지하지 못하는 이러한 현상을 '반응성 지각 상실'이라고 했다.

한편 우드(Wood)를 비롯한 일부 심리학자는 고마워할 가치(Value), 도움 비용(Cost), 도움 동기(Intention)에 대한 수혜자의 평가에서 감사하는 마음이 생긴다며, 이 세 가지 항목에 문제가 생기면 감사하는 마음이 사라진다고 지적한다.

자신의 주변 사람에게 이러한 이화가 나타났다면 그에게는 당신의 친절을 베풀 가치가 없다.

02

타지에 사는 동창 딩딩이 쿤밍에 왔다며 쿤밍에 있는 동창들을 소집했다. 그날 저녁 8시 30분에 온라인 미니강의가 잡혀 있어서 애초에 나는 그 모임에 참석할 생각이 없었다. 강의를 미룰 수는 없는 노릇이었기 때문이다. 게다가 딩딩은 내 기억 속에 그리 좋은 이미지를 남긴 친구도 아니었다.

그러나 무골호인인 노마의 거듭된 성화에 못 이겨 그럼 식사나 함께하자며 6시에 약속을 잡았다. 그러면 8시에 자리에서 일어나 수업하러 가도 늦지 않겠다는 계산에서였다.

그러나 7시가 다 되어가도록 딩딩은 약속 장소에 모습을 드러내지 않았고, 노마는 차가 많이 막히는 모양이라고 말했다. 딩딩이 도착한 건 8시가 다 되어서였다. 그녀 한 사람을 기다리느라 다들 식사도 하지 못하고 두 시간을 굶고 앉아 있어야 했던 것이다. 나는 그녀에게 인사를 하고, 이만 가봐야겠다며 자리를 털고 일어났다. 그런데 순간 딩딩의 얼굴에 언짢음이 스칠 줄 누가 알았겠는가.

"내가 오자마자 일어설 건 또 뭐야. 나 무시하는 건가?"

"미안. 내가 여덟 시 반에 온라인 강의를 해야 해서. 수만 명이 기다리고 있으니 네가 이해 좀 해주라!"

나는 예의 있게 대답했고, 노마 역시 옆에서 말을 거들어주었다.

"네가 인플루언서인 건 알지. 그런데 너 같은 스타가 자기 동창 하나 배려할 줄 모르다니. 사람들이 알면 모두 비웃겠다!"

계속 트집을 잡으며 나를 붙잡는 딩딩에게 나는 이렇게 응수했다.

"다음에 다시 보자. 그런데 그때는 두 시간씩이나 늦지 마!"

그러자 그녀가 말했다.

"나처럼 세일즈하는 사람들은 항상 잠이 부족해. 하기야 너처럼 그렇게 쉽게 돈을 버는 사람이 뭘 알겠니? 인터넷상에서 좀 떴다고 동창들 무시하는 거 내가 모를까 봐!"

이 말을 듣고 더 이상 그녀와 왕래하지 말아야겠다고 다짐한 나는 그녀를 무시한 채 곧장 수업을 준비하러 갔다.

단 몇 마디였지만 그녀의 말에는 심각한 감정 인지 편향이 드러났다. 나는 일정이 꽉 차 있었음에도 동창들과 함께 식사하려고 시간을 냈다. 그러나 그녀는 이에 '고마워할 가치'가 없다고 여겼다. 바쁜 현대인에게 따로 시간을 맞춰 다 함께 모이기란 쉽지 않은 일임에도 말이다.

그녀의 체면을 지켜주자고 자리를 지킨다면 수만 명의 네티즌을 바람맞혀야 하는데 그러기엔 대가(도움 비용)가 너무 크다며 인내심을 가지고 설명했지만, 그녀는 동의하지 않았다. 무엇보다 진저리나는 사실은 내가 마치 'SNS 스타가 되어 돈도 많이 벌고 있으니, 잠도 제대로 자지 못하는 세일즈맨에게 굴욕을 안겨주겠어!'라는 목적으

로 모임에 참석하기라도 한 것처럼 나의 참석 동기를 왜곡했다는 점
이다.

바로 그러한 믿음이 뒷받침되었기에 자신이 두 시간이나 지각한
것은 대수롭지 않은 일이 되고, 내가 먼저 자리에서 일어난 것은 대
역무도한 일로 둔갑한 거다.

우드 등 일부 심리학자는 상황 평가 실험에서 인간이 나쁜 사고방
식을 습득하기 시작하면 신분의 특성을 이용해 자신의 죄책감을 없
애려는 경향을 보인다고 말한다. '내게는 어떤 신분이 있으니 일부
행동에 대해 책임지지 않아도 돼'라는 생각을 가지게 된다는 것이
다. 다시 말하면 '나는 약자니까 약자의 권리가 있어'라는 심리적 기
제를 발동시켜 고마움을 인식하는 대뇌 고유의 시스템을 의도적으
로 억압한다는 뜻이다.

파크(Park)와 피터슨(Peterson)은 열 살이면 다른 사람의 의도를
분명하게 인식해 감사하는 마음을 가질 수 있는데, 책임을 피하고자
이렇게 타고난 능력을 버리는 것은 정신적 퇴보라고 보았다.

옌거링(嚴歌笭, 중국의 소설가이자 시나리오 작가)의 소설《청춘》에 이
런 말이 나온다.

'친절한 대접을 받지 못한 사람은 그 누구보다 친절을 잘 구별하
고, 소중히 여길 줄 안다.'

이 말대로라면 친절을 구별하는 능력을 버리는 사람은 줄곧 친절
한 대접과 양보를 받아와 정신이 퇴화하고 있는 것이라고 설명할 수
밖에 없다. 어쩌면 이러한 행동은 당신 자신만이 아니라 타인에게까

지 해를 입히고 있는지도 모른다.

03

평생 우리의 존중을 받아 마땅한 사람은 바로 영원히 이화하지 않는 사람이다.

한 시대의 영웅 조조는 말로 무례를 범하는 자에게 가차 없었다. 공자의 후손인 후한 말기의 학자 공융에게도, 자신을 도와 원소를 멸하는 데 큰 공을 세운 죽마고우 허유에게도, 자신이 직접 교양과 기개를 두루 갖춘 인물로 평가했던 최염에게도 마찬가지였다.

그러나 이런 그가 예외를 두면서까지 그들의 명성과 완벽함을 지켜주며 경의를 표한 세 사람이 있다. 바로 유비와 관우, 그리고 순욱이었다. 이들은 조조가 한평생 최고의 가치로 꼽았던 대의를 가지고 있었다. 그런 까닭에 그가 어떤 위협을 가하고, 또 어떤 매수 방법을 써도 세 사람의 결심을 뒤흔들 수는 없었다.

세 사람 중 하나는 반평생 도망자로 전국을 떠돌고 있다 할지라도 한나라 왕실을 부흥시키고야 말겠다고 굳게 결심한 사람이었고, 하나는 필마로 천 리를 달리더라도 자신의 의형을 따르겠다는 결심이 확고했으며, 또 하나는 칼 하나 제대로 들지 못하는 나약하고 무능한 황제일지라도 끝까지 그 곁을 지키고자 했다.

그들은 조조가 한평생 되고자 했지만 되지 못했던 사람들이었다. 조조와 원소, 장막은 어릴 적부터 친하게 지낸 친구로 한때 생사를 함께하기도 했다. 그러나 훗날 원소와 장막의 사이가 틀어지면서 원소는 조조에게 장막을 제거할 것을 명령했다. 이에 조조는 옛정을 생각하라며 거듭 원소를 설득했다. 그런데 무방비 상태였던 그를 장막이 습격할 줄 누가 알았겠는가! 결국엔 조조가 원소의 압박에 못 이길까 봐 두려웠던 장막이 먼저 손을 쓴 것이다.

장막의 배신으로 하마터면 목숨까지 잃을 뻔한 조조는 훗날 연주를 탈환하고 가장 먼저 장막의 일가를 처단했다.

과거 동탁에게 대패해 18로 제후들도 나 몰라라 하고 있을 때 앞장서서 그를 구해준 이가 장막이었음을 당시 조조가 기억하고 있었는지는 모르지만 어쨌든 이 일은 조조의 마음에 아픔으로 남았다.

이후 조조는 더 이상 자신이 결백하다고 말하지 않았다. 조조는 자신의 인간성에 자신이 없었고, 이는 그를 의심 많은 사람으로 만들었다.

그러나 그는 관우를 믿고, 유비를 신임해 한 사람은 한수의 정후로 봉하고, 또 한 사람은 예주목으로 천거했다. 이는 조조의 많은 신하가 평생 오르지 못한 지위였다. 그는 유비, 관우, 순욱에게서 약자를 위해 물불 가리지 않는 열정과 친구를 위해 주저하지 않는 확고함, 그리고 군왕을 위해 조금은 고집스럽기까지 한 충성을 보았다. 바로 이런 사람들이었기에 조조가 웃음 지을 수 있었다.

누군가를 향한 존중은 상대의 나이나 지위, 외모, 성별, 명성 때문도, 그가 나에게 이득이 되는 사람이기 때문도 아니다. 존중받을 만한 사람은 알량한 이익 때문에 자신의 품위를 버리지 않으며, 어떤 위협이나 압박에 자신의 초심을 버리지도 않는다. 생사가 달린 문제에 가족과 우정과 사랑을 모두 저버리고 자신의 목숨을 부지하려 하지도 않는다.

정말로 강인한 사람은 목숨을 걸고 지켜야 할 가치관을 갖고 있으며, 마치 씨앗이 땅을 뚫고 나올 때 나는 소리처럼 미세하지만 꿋꿋하게 이를 지켜낸다. 우리가 어렵게 베푼 친절을 받을 만한 사람, 마음에서 우러나온 우리의 진심이 아깝지 않은 사람은 바로 이런 이들이다.

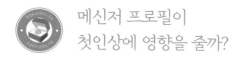

메신저 프로필이
첫인상에 영향을 줄까?

01

대뜸 아버지가 내 앞에 계약서 하나를 던지며 몹시 화를 내셨다.

"너 무슨 계약을 한 거야?"

인터넷 작가로서 여러 플랫폼으로부터 계약 제의를 받는 일이 많은데, 대체로 나는 이를 수락하는 편이다. 더 많은 사람이 내 글을 읽는다면 좋은 일이니까.

그런데 아버지가 빨간 펜으로 가리킨 계약조항을 보는 순간 나는 '헉!' 하고 나자빠졌다. 해당 플랫폼에 게시하는 모든 글의 저작권은 그들에게 돌아간다고 적혀 있었기 때문이다. 이 말은 곧 방문자가 많지 않은 이 플랫폼에서 돈 한 푼 내지 않고 나의 글을 가져다가 책을 출판할 수도 있다는 의미였다.

나는 그 즉시 위챗으로 내게 연락을 주었던 플랫폼 담당자를 찾아 그녀가 내 메일로 보내준 계약서 안과 대조를 해보았고, 거기엔 그런 조항이 없다는 사실을 확인할 수 있었다.

내가 그녀에게 따져 묻자 그녀는 별문제 아니라는 듯 말하다가 다른 이에게 책임을 전가하기 시작하더니 이내 나를 당해낼 수 없겠다고 생각했는지 날 아예 삭제해버렸다.

나는 내가 어쩌다 이런 실수를 저질렀는지 되짚기 시작했다. 아버지가 꼼꼼히 계약서를 다시 읽어보지 않았다면 큰일 날 뻔했기 때문이다. 사실 그동안 함부로 계약한 적은 단 한 번도 없었다. 계약서를 받으면 변호사인 친구에게 보내 검토까지 했었다. 그런데 왜 이번 계약은 대충 넘어갔을까? 나는 나의 잠재의식 속에서 끊임없이 그 이유를 찾았고, 결국 그녀의 위챗 프로필이 내게 영향을 끼쳤기 때문이라는 결론에 이르렀다.

인터넷상의 이런 협력은 위챗 같은 메신저 채팅을 통해 이뤄지는 것이 보통이다. 그 때문에 만나서 상세한 이야기를 나누지 않는 한, 두 사람 사이에 신뢰 문제가 생길 수 있다. 그래서 나는 내 나름의 방법으로 실무자의 프로필 사진이 미인 혹은 미남인 경우 크게 신뢰하지 않았다. 포장된 이미지를 사용했다고 생각하기 때문이다. 그리고 실제로 이런 사람들은 연동된 SNS에 아무것도 올라와 있지 않은 경우가 많았다.

한편 실물 사진을 프로필로 설정해놓은 사람은 비교적 직설적이고 솔직한 편이라고 생각했다. 그러나 이들과 길게 대화를 나누고 싶어 하지는 않았다. 마치 그들이 늘 같은 눈빛과 자세로 나를 바라보고 있는 것 같아 이상한 기분이 들었기 때문이다.

풍경 사진을 올려놓은 사람에게는 왠지 손윗사람 같아 거리감이 느껴진 반면, 반려동물의 사진이나 특히 만화 캐릭터 사진을 올려놓은 사람에게는 묘한 친근감이 들었다. 그런데 나를 속인 그 여성의 프로필에 놀란 고양이 사진이 설정되어 있었다.

심리학자들의 말에 따르면 사람들은 '첫인상'에서 만화 캐릭터 사진을 프로필로 올려놓은 사람보다 실물 사진을 프로필로 설정해놓은 사람을 더 신뢰하며, 프로필을 설정해놓지 않은 이에게 신뢰를 보이는 사람은 극소수라고 한다.

이는 사람들이 특정 프로필 사용자를 자신의 '심리적 대역'으로 삼아 그 '대역'과의 대화에 자신의 과거 추억을 투영하기 때문인데, 사람마다 신뢰의 이유가 다른 것도 바로 이 때문이다.

한편 연구자들은 일부 남성이 만화 캐릭터 사진을 올린 프로필을 선호하는 이유가 그들 마음속에 존재하는 불안감에 있다고 말한다.

그런데 알고 보니 내가 바로 그런 사람이었다. 사람의 마음을 헤아리는 일에 익숙한 데다 인간이 욕망을 위해 얼마나 황당한 일을 벌일 수 있는지 많이 봐왔으니까. 그 때문에 어쩌면 반려동물이 가장 안전한 생물일지 모른다고 생각하고 있었던 것이다.

그래서 놀란 고양이 사진을 올려놓은 프로필에 홀딱 속아 넘어간 것이리라! 아무튼 이런 일을 겪었으니 앞으로는 만화 캐릭터 사진을 프로필로 설정한 사람이라고 해서 덥석 믿는 일은 없을 것이다. 그러나 내 아름다운 추억을 무너뜨린 이 사건을 떠올릴 때마다 짜증이 날 것은 어쩔 수 없지 싶다.

즈후를 보면 프로필을 변경한 후 사람들의 달라진 태도를 경험했다는 글이 꽤 많이 올라와 있다.

원래는 자신이 예쁘게 나온 사진만 프로필로 사용해 선배들에게 꽤 많은 대시를 받았다는 어떤 여학생은 이후 돼지 사진으로 프로필을 변경하자 선배들의 대시는커녕 '똘끼' 있다는 소리와 함께 돼지가 그녀의 트레이드마크가 되었다고 했다.

어떤 사람은 텔레마케터로 일하는 한 남성이 청순녀의 사진으로 프로필을 변경하자 계약률이 껑충 뛴 것은 물론 그에게 고백하거나 회사로 꽃을 보내는 고객도 있었다고 말했다. 한편 여성들은 그를 언니로 여겼는데, 그렇게 시간이 지나자 당사자 역시 자신이 남자라는 사실을 깜빡했다고 했다.

또 한 남학생은 자신이 멋지게 나온 사진을 프로필로 설정했을 때는 여자 후배들의 친구 신청이 끊이질 않았는데, 이후 여동생과 함께 찍은 사진을 올리자 친구 신청이 줄어들고 연동된 SNS에 달리는 댓글들도 시니컬해졌다고 말했다.

한때 강아지 사진을 프로필에 걸어놓고 잠수 탔다는 한 아가씨는 그녀의 어머니가 다 걱정을 할 정도로 아무에게도 연락이 오지 않았다고 했다. 이후 어머니의 성화에 못 이겨 각선미가 돋보이게 나온 사진으로 프로필을 변경했는데, 그로부터 메시지 수신 알림이 끊이질 않자 어머니도 어쩔 수 없이 다시 프로필을 변경하는 데 동의했다고 했다.

참고로 남성이 2D 프로필을 사용하면 기본적으로 이성과의 인연이 없었고, 여성이 아이 사진으로 프로필을 바꾼 때도 마찬가지였다. 진짜 자신의 아이 사진이 아니더라도 말이다.

나의 여사친 중 모델 한 명이 있는데, 한번은 그녀가 모모(陌陌, GPS를 기반으로 한 모바일 소셜미디어) 친구를 하자며 내 계정을 물었다. 나는 모모를 사용하지 않는 터라 계정이 없다고 말했다. 그러고는 다들 위챗으로 연락을 많이 하는데 차라리 위챗 친구로 등록을 해보라고 했다.

그러자 그녀는 주로 모모에 자신의 사진을 올린다며 모모에는 심혈을 기울여 찍은 예쁜 사진들을 매일 업데이트하지만, 위챗에는 꽃다발 사진을 프로필에 걸어놓고 모멘트에도 사진 대신 마음이 따뜻해지는 글이나 문장만 공유한다고 말했다.

"왜?"

내가 정말 궁금해하며 묻자 그녀는 이렇게 답했다.

"사진만 보는 남자들이 얼마나 피상적인지 나 자신을 일깨우기 위해서!"

순간 나는 말을 잇지 못했다.

확실히 메신저의 프로필은 첫인상에 많은 영향을 준다. 그리고 누군가가 나의 프로필 변경 사실에 관심을 갖는다면 그들은 대부분 나에게 신경을 쓰고 있는 사람이라고 할 수 있다. 어쨌든 프로필을 변경했다고 친구들에게 알림음이 울리는 것은 아니기 때문이다.

03

심리학에는 '초두 효과(Primacy Effect)'라는 유명한 용어가 있다. 이는 이미지 형성 전에 나타나는 자극이 사물에 대한 전체 이미지를 형성하는 데 영향을 미치는 현상을 말한다.

메신저 프로필은 소셜 네트워크에서 가장 처음 나타나는 자극이 분명하다. 트위터 사용자를 대상으로 한 미국의 한 연구 결과에 따르면 18~23세 사용자의 경우 타인 계정에 올라온 콘텐츠보다 계정 프로필에 관심이 월등히 높았다.

획득 정보가 제한적인 상황에서 인간은 주로 어느 특정한 부호에 기대어 타인에 대한 판단을 내리는데, 특히 특정 부호 이면의 정서를 가공하여 이를 통해 타인의 성격적 특징을 헤아리는 방법을 선호한다.

당신이 코믹한 사진을 사용했다면 상대는 당신을 매우 활발한 사람이라고 판단할 것이다. 그런데 사실 이는 온라인상에서 사람을 사귀는 데 불리하게 작용한다. 상대가 당신이 너무 활발한 나머지 자신의 프라이버시를 침해할지도 모른다는 걱정을 갖게 되기 때문이다. 그러나 이는 완전히 불필요한 걱정이다. 코믹한 사진을 사용하는 사람은 그저 가끔 자신을 즐겁게 해주고 싶은 것뿐이니 말이다.

한편 실제 인물사진을 사용하긴 했지만 사진에 여러 효과가 더해진 경우 사람들은 당신이 무언가를 숨기고 있을 가능성이 있다고 생각해 당신은 믿을 만한 사람이 못 된다는 결론으로 이어지기 쉽다.

물론 단순한 느낌만으로는 이를 뒷받침할 근거가 부족하기에 한 사람의 말이나 행동에 관한 특징을 꾸며내게 되고, 이렇게 내려진 판단은 정확할 수가 없다. 그 때문에 자신의 특징을 명확히 드러낼 프로필을 사용해 타인의 판단을 도울 필요가 있다. 그리고 무엇보다 중요한 점은 자신의 정서적 특징을 분명히 드러낼 수 있어야 한다는 사실이다.

미국의 HR 담당자들이 이미 소셜미디어를 통해 지원자를 선별하기 시작했으며, 이 같은 변화가 최근 학계의 주목을 받고 있음을 간파한 심리학자 피터. A(Peter. A)와 로젠 벤자민. D(Rosen Benjamin. D), 맥라티(Mclarty) 등의 연구 결과에 따르면 업계의 강자로 불리는 기업들은 정서적으로 안정된 느낌과 함께 우호성(Agreeableness)과 책임감이 있어 보이는 프로필을 비교적 선호하는 것으로 나타났다.

예컨대 프로필 속 인물이 안경을 끼고 있으면 조금 더 우호성이 있다고 느꼈고, 입술을 가리고 있으면 정서적으로 불안정하다고 여겼다. 한편 재미있다는 듯 활짝 웃는 모습에서 그에게 책임감이 있을 거라고 판단했다.

04

나는 개인적으로 온라인 프로필의 더 중요한 기능이 개인의 가장 핵심적인 특징을 분명하게 드러내는 데 있다고 생각한다.

내가 '소드마스터 야옹'이라는 필명과 함께 검을 든 고양이를 프로필 사진으로 사용하는 이유도 바로 이 때문이다. 내가 반드시 해야 할 일이 있다면, 운명이 내게 어떤 시련을 안겨준다 해도 손에 든 검으로 그 가시덩굴을 헤쳐 나가겠다는 유연한 결의이자 나 자신에 대한 일종의 포지셔닝인 셈이다.

물론 고양이를 선택한 데도 내 나름의 이유가 있다. 드라마를 보면 강한 결의를 다지는 사람일수록 악역이 될 가능성이 큰 데다 끝내 잘못된 길로 들어서는 실수를 범해 이미지가 그리 좋지 않다. 그래서 고양이 캐릭터를 사용해 사람들이 좀 더 쉽게 다가올 수 있도록 친근감을 더한 것이다. 한마디로 나의 프로필에는 '나의 결의와 친화력, 그리고 개성' 이렇게 세 가지 특징이 반영되어 있다.

실은 나도 전문 사진사에게 사진 촬영을 부탁해볼까 생각한 적이 있다. 전문가의 손길을 거친 사진을 프로필로 사용하면 이성운이 더 트일지도 모른다고 생각하면서 말이다. 그러나 나는 결국 이 생각을 버렸다. 추구해야 할 더 큰 목표가 있을 때 내가 가장 의지할 만한 것은 겉껍데기가 아니었기 때문이다.

프랭클린은 사람들이 실패하는 가장 큰 이유가 자기 능력을 의심하며 틀림없이 실패하리라 생각하는 데 있다고 말했다.

그러니 프로필에는 기대를 담아야 한다. 다른 사람에게 신뢰를 얻고, 자기 스스로 믿음을 얻으리라는 그런 기대 말이다. 프로필은 앞으로 당신이 어떤 사람이 될지를 보여주는 중요한 단서이기 때문이다.

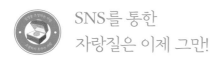

SNS를 통한
자랑질은 이제 그만!

나는 진즉 SNS를 탈퇴하려고 했다. 그러나 사용 중단을 시도한 지 며칠 만에 포기했다. SNS를 하지 않으면 이야깃거리도 찾기 어려울 몇몇 친구가 계속 마음에 걸렸기 때문이다. 게다가 꼭 내가 먼저 말을 걸지는 않더라도 친구들이 남긴 댓글에 '좋아요'를 누르고, 또 가끔은 오랫동안 연락이 끊긴 친구가 나의 소식에 '좋아요'를 눌러줄 때의 그 가슴 따뜻함을 쉽게 포기할 수 없었다.

물론 SNS라는 공간은 내게 따뜻함과 함께 씁쓸함을 안겨주기도 한다. 그래서 나는 항상 따로 시간을 들여 모씨와 같은 팔로워를 차단하려고 한다.

'SNS에서 날 업신여기던 녀석들, 다 엿 먹으라고 해! 이 형님은 영원히 빛날 테니까.'

이는 그 모씨가 SNS에 남긴 말이다. 이 말 뒤에는 다들 한 번쯤 본 적 있을 어느 유명인의 매우 선동적인 문장도 붙어 있었다. 정말이지 눈을 버렸다는 표현이 딱 맞는 글에 나는 즉시 그를 차단했다.

가만히 생각해보면 참 아이러니한 시대다. SNS에는 아귀다툼을 벌이려는 적이 가득하고, 숨긴 친구 목록에는 잊지 못할 옛사랑이 자리를 잡고 있으니 말이다.

내가 숨기기 대신 차단 기능을 사용한 이유는 내가 정말 그를 업신여기는 사람이었더라면 애초에 그를 위챗 친구로 추가하지도 않았을 것이라는 사실을 언젠가 그도 깨닫길 진심으로 바라서이다.

SNS는 물고 뜯고 싸우는 곳이 아니다. SNS로 다른 사람의 감정을 좌지우지하길 바라서도 안 된다. 많은 사람이 SNS에 매몰되는 이유는 간단한 소통의 장에 지나지 않는 SNS에 비현실적인 환상을 품고 있기 때문이다.

그러나 사실 정말로 당신에게 관심이 있는 사람은 얼마 되지 않는다.

02 _____

내 학생 하나는 유명해지고 싶어 고군분투했던 적이 있다. 부모님의 경제적인 부담을 덜어드리기 위해 닥치는 대로 아르바이트를 알아보던 중, 그녀의 좋은 목소리와 예쁘장한 외모를 눈여겨본 어느 인플루언서 매니지먼트 관계자에게 스카우트된 후부터였다.

처음엔 그녀도 매일 심혈을 기울여 라이브 방송을 진행했다. 그러나 접속자 수가 두 자리에서 좀처럼 늘지 않자 그녀의 매니저는 계속 이런 식이면 퇴출당할 거라고 경고하기에 이르렀다.

괴로운 마음에 그녀는 인기 많은 선배를 찾아가 조언을 구했고, 선배는 그녀에게 나름의 '비결'을 알려주었다.

그 후로 그녀는 변했다. 보정 애플리케이션으로 자신을 여신으로 만든 다음 매일 SNS에 셀피를 올리는가 하면, 모종의 기술을 이용해 얼핏 봐도 하루에 수천은 벌 것처럼 보이도록 '좋아요' 수와 구독자 수를 조작했다.

이뿐만 아니라 매니지먼트 회사에서는 그녀와 일부 스타의 사진을 합성해 그녀가 핫한 인기를 누리는 것처럼 보이도록 했다. 일상 생활에서도 일명 '짝퉁' 명품을 사용하기 시작했다. 어차피 이를 알아보는 사람은 없었기 때문이다.

그렇게 얼마 지나지 않아 그녀는 성실한 시골 아가씨에서 가상의 '엄친딸'이 되었다. 그 덕분에 정말 제힘으로 학비를 낼 수 있게 되었지만, 그 대가는 너무 컸다. 진짜 자신과 가짜 자신을 구분하지 못하고 갈수록 말이 험해지기 시작한 것이다. 거만하고 자기중심적인 사람이 된 것도 모자라 사소한 일에도 쉽게 화를 냈다.

결국 사람들은 그녀의 가식적인 말투와 가련한 척하는 모습에 분노했고, 사람들과 몇 번의 심각한 충돌 끝에 그녀는 정신과 의사를 찾아갔다. 정신과 의사의 진단은 그녀를 깊은 생각에 잠기게 했다.

진단서에는 '연극성 인격장애(Histrionic Personality Disorder, 감정의 표현이 과장되고 주변의 시선을 받으려는 일관된 성격상의 특징을 가진다)가 의심됨'이라고 적혀 있었기 때문이다.

장장 3개월의 심리상담 후 그녀는 눈물을 쏟으며 내게 말했다.

"선생님, 이건 제가 아니에요! 월수입 많은 인플루언서가 아니라 아무도 원하지 않는 가난한 여학생에 불과하다고요!"

그리고 얼마 지나지 않아 그녀는 인플루언서 세계를 떠났다. 그러나 그 후로도 오랫동안 사람들은 그녀를 따돌리고 있다.

03

최근 피츠버그대학교에서 SNS 이용과 우울증의 관계를 조사했다. 유명 SNS 사용자들의 나이와 성별, 민족, 생활수준, 가계소득 등을 조사한 다음 요소별로 평균을 내 도출한 결론은 'SNS를 자주 사용하는 사람(Heavy User)이 그렇지 않은 사람에 비해 우울증에 걸릴 확률이 2.7배 높다'는 것이었다. 연구원들은 사람 대부분이 인터넷상에서 타인의 우월한 면만을 보기 때문에 나는 남보다 못하다는 열등감을 느끼게 되고, 이것이 결국 우울증을 일으킨다고 보았다.

그런데 나는 연구원들이 간과한 한 가지가 있다고 생각한다. 바로 SNS를 이용해서 우울감이 생기는 것이 아니라 친구가 없고, 기분이 가라앉을 때 존재감을 과시하고자 SNS에 접속하는 사람들도 적지 않다는 사실이다.

도시에 어스름이 깔리고 불빛이 어둠을 밝힐 때 오색찬란한 네온사인 아래 혼자임을 느끼는 순간, 혼자 간 고깃집에서 사랑 노래는 흘러나오는데 맞은편 자리에 그리운 그는 없다는 사실을 깨닫는 순간, 그 저릿하고 울적한 마음을 가장 빠르게 가장 직접적으로 해소

할 방법이 바로 스마트폰을 꺼내 SNS에 접속하는 것이기 때문이다. SNS상에서의 의미 없는 교류로 보잘것없는 존재감을 드러내며 스스로 위안 삼으려는 생각으로 말이다.

그러나 안타깝게도 이때 눈에 들어오는 소식에는 온통 친구 A가 또 차를 바꿨고, 친구 B는 남자 친구에게 또 선물을 받았으며, 동창 C는 연봉 인상도 모자라 상사에게 제대로 인정받고 있다는 내용뿐이라면 어떤 생각이 들겠는가? 이때 대다수는 SNS에 자랑질하는 이들을 비웃기보다는 묵묵히 자신의 상태를 삭제해 순간의 시크함으로 불과 1초 전의 가식에 저항하려 한다.

그러니 SNS를 통한 자랑질은 이제 그만 멈춰라. 실은 나도 안다. 당신도 눈물을 머금고 셀피를 찍고 있으며, 아픔을 참으며 애정을 과시하고 있다는 사실을 말이다. 당신은 SNS상에서 보이는 것처럼 그리 대단하지 않다. 당신은 그저 강한 척, 대단한 척하며 친구들을 찾고 싶어 할 뿐이다.

하지만 당신은 틀렸다. 당신이 찾는 친구들은 이미 SNS에 없다. 실은 모두 이 시대가 낳은 외톨이들인데, 사랑을 주지 못한다면 서로에게 상처는 주지 말아야 하지 않을까?

거절 못 하는 당신이라면
이미 여러 사람에게 미움을 샀을지 모른다

01

누군가의 부탁을 거절하면 번거로운 일이 벌어질뿐더러 마음의 짐이 생길 수 있다는 우려 때문에 많은 이가 되도록 청을 들어주는 게 낫다고 생각한다.

그러나 감성지능이 높은 사람은 최초의 감정을 따르지 않고, 감정의 발생 원인에 대한 깊이 있는 사고로 자신의 감정을 관리해 다양한 선택지를 만든다. 이렇게 현실적으로 감정을 인지해야 효과적인 인간관계 확립과 함께 제한적인 자원을 극대화해 자신에게 유리한 쪽으로 상황을 돌릴 수 있기 때문이다.

따라서 거절할 때는 빠르고 단호한 방법보다는 상대를 편안하게 해줄 방법을 찾는 것이 좋다. 물론 거절을 위해 거짓말을 할 필요도, 매정해질 필요도 없다. 상대가 난처하지 않게 적당히 거절하는 방법으로, 내 능력으로는 감당할 수 없는 부탁임을 토로하며 거절하면 된다.

엉클 탸오는 중국 1인 미디어계의 거물이자 나의 좋은 친구이다. 그런데 어느 날 우리에게 한 버라이어티쇼에서 게스트 출연 섭외가 들어왔다. 이에 나와 엉클 탸오는 제작진과 만났고 테스트 영상도 찍었다. 그러나 최종적으로 우리 두 사람 모두 출연이 불발되었다. 제작진이 우리의 업계 동료인 다른 사람을 출연자로 낙점했기 때문이다.

나와의 연락을 담당하던 스태프는 결과를 알리며 내게 말했다.

"마스터 야옹님, 제가 총괄님에게 야옹님을 적극적으로 추천했는데, 총괄님은 악기 연주와 노래가 모두 가능한 스타일이 더 좋다고 하시네요. 저야 야옹님이 현장에서 이백 프로 실력 발휘를 하실 거라 믿어 의심치 않지만, 녹화한 영상으로는 딱 봐도 수업하는 선생님처럼 너무 정석 스타일이었던 게 문제였던 것 같습니다!"

이런 답을 받고 약간 충격적이기는 했지만, 곰곰이 생각해보니 제작진의 말에도 일리가 있었다. 이에 나는 앞으로 또 이런 제안이 들어온다면 아서 왕이나 미야모토 무사시(宮本武藏, 일본의 전설적인 사무라이이자 예술가) 같은 캐릭터를 패러디하겠다고 마음먹었다. 어쨌든 단기간에 악기를 배우기엔 역부족일 테니 과장된 의상으로 나를 표현해보자고 생각한 것이다. 마침 '소드마스터'도 게임 용어이니까 내 캐릭터와도 썩 어울리지 않겠는가!

하지만 엉클 탸오의 반응은 나와 달랐다. 그는 팔로워 수가 자신의 1/10분도 되지 않는 사람을 섭외하기로 했다니, "제작진의 눈이 삐

었나 보다" 하며 몹시 분해했다.

이런 그의 반응에 나는 조금 의아했다. 그동안 내가 읽어온 엉클 탸오의 글로 보아 그는 나와 비슷한 가치관을 가진, 매우 이성적인 사람임에 틀림이 없는데, 어째서 이 일에 대해서는 이렇게도 다른 태도를 보이는 걸까 싶었다.

그에게 연락을 취한 사람은 또 다른 스태프였는데, 그 스태프가 보낸 메시지를 보니 문제는 거기에 있었다.

'엉클 탸오님, 답이 늦어 죄송합니다. 아무래도 저희 프로그램에는 선생님의 개성을 충분히 담아낼 수 없을 것 같네요. 다음에 더 좋은 프로그램에서 선생님과 함께할 수 있기를 기대하겠습니다.'

언뜻 보기에는 확실히 예의 바르게 적절한 말투로 출연 불발의 이유를 설명한 것 같지만, 이는 적나라하게 엉클 탸오의 지능을 얕본 것이나 다름없었다.

첫째, '개성을 충분히 담아낼 수 없다'는 말이 그저 핑계에 불과함을 우리 모두가 알고 있듯, 이 말에는 진심이 없기 때문이다. 그렇지 않다면 자신들이 선택한 그 사람의 개성이 무엇인지는 알려줘야 하지 않는가? 적어도 엉클 탸오에게 그 사람은 자신보다 팔로워 수가 적은 사람이라 그의 강점이 무엇인지 모르고 있으니 말이다.

둘째, '다음에 선생님과 함께할 수 있기를 기대하겠다'는 말은 '언제 내가 밥 한번 살게'라는 말과 다름없기 때문이다. 대체 다음이란 언제란 말인가?

나나 엉클 탸오처럼 1년 내내 글을 써 정보에 민감한 사람들은 첫 번째 스태프의 통보방식이 두 번째 스태프의 방식보다 받아들이기에 훨씬 편하다. 적어도 전자의 경우에는 감정적으로 우리와 가깝다는 느낌이지만, 후자의 경우 왠지 더 크게 거부당한 느낌이기 때문이다.

이를 심리학적으로 설명하면 첫 번째 스태프가 사용한 통보방식은 출연 불발의 핵심 원인을 분명하게 언급한 '명확한 거절'인 반면두 번째 스태프가 사용한 방식은 '모호한 거절'이다. 상대방의 체면을 생각해 선택한 방법이겠지만 여기에는 핵심 원인에 대한 설명이생략되어 있다.

다우니(Downey)와 펠드먼(Feldman)이 제시한 '거부 민감성(Rejection Sensitivity)에 대한 사회적 인지모델'에 따르면 거부 민감성은 타인의 행동에서 거부를 예상하고, 거부에 대해 과잉 반응하는성격적 또는 인지 정서적 성향을 의미한다.

가정교육 때문인지, 학교교육 때문인지 요즘 청년들은 '거절(혹은거부)'이라는 문제에 민감한 편이다. 거절당해 부끄러움을 느끼고,심지어 주먹을 휘둘러 사람을 다치게 하는 일이 빈번한 걸 보면 말이다.

그러나 이러한 일들을 자세히 들여다보면 한 가지 공통적인 특징을 찾을 수 있다. 바로 가해자는 피해자가 '명확하게' 자신을 거절했다고 생각하지 않으며, 인터넷상에서도 피해자가 가해자를 어장관리한 것 아니냐는 의견이 많다는 점이다.

심리학자 젬벡(Gembeck)과 네스데일(Nesdale)은 〈청소년 잡지〉

에 발표한 논문에 다음과 같은 결론을 내렸다.

'거부에 대한 민감도가 높은 사람은 명확한 거절을 당할 때 자신은 안된다고 생각하는 경향이 있는 반면, 모호한 거절을 당할 때 자신을 거절한 사람이 의도적으로 자신을 해치려 한다고 생각하는 경향이 있어 상대를 공격하고자 하는 마음을 갖는다.'

중국의 학자 류선(劉燊)과 자오옌린(趙艶林)도 거부 민감성이 대학생의 인지적 평가와 감정조절에 중요한 역할을 한다는 사실을 알아냈다.

따라서 거부에 대한 민감도가 높은 사람을 대할 때는 반드시 모호한 거절법이 아니라 명확한 거절법을 사용해야 한다. 많은 이가 더 예의 있어 보이기 위해 모호한 거절법을 사용하지만, 사실 상대는 당신이 고의로 자신을 놀린다고 생각할 수 있다.

거부에 대한 민감도가 높은 사람은 자존심이 강하고, 미련이 많다는 특징이 있다. 인간관계에서 '자성적 예언(Self-fulfilling Prophecy)'의 편향성을 보이는 것 또한 그들의 전형적인 특징이다. 그들은 이렇게 생각한다.

'그녀는 나를 좋아하지 않을 거야. 봐, 내가 메시지를 보냈는데 30분이 지나도록 답이 없잖아. 난 어장관리 중인 물고기가 분명해. 우리 관계에 무슨 문제가 있는 건지 제대로 물어보려 했는데 역시나 그녀는 이 문제에 관해 얘기하고 싶지 않다. 내 말이 맞았어! 하하…… 나 왜 이렇게 슬프지? 맙소사, 그녀는 왜 날 버리려는 걸까?'

연애 중에 상대에게서 이런 사고방식이 엿보인다면, 당신의 연애는 거의 끝났다고 봐도 무방하다.

03

이 밖에도 다른 사람을 거절하는 두 가지 방법이 있다.

첫 번째는 제한조건법이다.

지인이 나와 이야기를 나누다 일본인들이 즐겨 사용하는 거절방식을 발견했는데, 그것은 바로 일단 수락하여 상대가 기뻐하는 틈을 타 제한조건을 제시하고 자연스럽게 거절하는 방식이었다.

한번은 지인이 일본인 친구를 이자카야로 초대했다. 그러자 일본인 친구는 매우 기뻐하며 이렇게 말했다.

"좋다, 거기 사케와 초밥이 진짜 끝내주잖아. 전부터 정말 그리웠거든."

하지만 그는 이렇게 덧붙였다.

"오늘 저녁에 아르바이트만 없었어도 무조건 같이 가는 건데. 다음에 나 한가할 때 다시 또 초대해줘!"

물론 이후 지인은 또다시 그 일본인 친구를 초대했지만, 그는 항상 '한가하지 않아서'를 들먹였다. 그런데 왠지 모르지만 지인은 이런 그의 태도에 노여움을 느끼지 않았다. 마치 주변 사람 모두가 으레 이런 식으로 거절하는 것처럼 말이다.

제한조건법의 절차는 이렇다. 상대의 말에 피드백하여 자신이 상대의 의견을 열심히 경청하고 있음을 나타낸 후, 어느 조건이 충족

되었다면 수락할 수도 있었을 거라고 말해 수락을 하는 듯 자신의 거절 이유를 밝힌다. 그러나 그 조건은 애초에 맞추기가 어렵고, 행여 조건을 충족했다 하더라도 이미 지나간 일인 때가 많다. 상대방의 추궁을 피하려고 상대를 체념시키는 것이다.

혹자는 분명 이렇게 물을 것이다. 상대가 여전히 포기하지 않는다면 어떻게 할 거냐고 말이다. 사실, 이런 경우는 상대가 일방적으로 자신의 부탁을 들어달라고 강제하는 상황이기 때문에 사교의 범주에 들지 않는다. 따라서 상대와 별로 중요한 관계가 아니라면 미움을 사면 그만이다. 어차피 이번 생은 모두에게 처음이 아닌가! 물론 상대가 나의 상사라면 어쩔 수 없겠지만 말이다.

두 번째는 유머엄호법이다.

우리 학교에 한 노교수님이 내게 중신을 서주겠다고 했을 때 나는 그에게 이렇게 답했다.

"고맙습니다, 선생님. 그런데 제가 지금 솔로 탈출을 할 힘이 없어요. 요즘 '이천 년대생'들은 솔로 탈출하기 바쁘고, '구십 년대생'들은 빈곤 탈출하기 바쁘다던데요. 저는 아직 빈곤도 벗어나지 못하고 머리만 벗겨지고 있지 뭐예요. 이렇게 제 몸 하나도 제대로 건사하지 못하는데 다른 사람에게 신세는 지지 말아야죠!"

유머엄호법의 키포인트는 유머러스한 말이나 글을 사용해 화제를 다른 곳으로 확장하는 데 있다. 이 방법은 주로 상대가 지나가는 말로 질문을 던졌을 때나 선의라는 이름으로 우리의 삶에 관여하려 할 때 유용하다.

예컨대 스타의 위챗 계정을 묻던 여학생에게도 이렇게 유머엄호법을 사용할 수 있다.

"이거 선생님 섭섭한데! 선생님보다 그 사람이 더 멋있다 이거지? 적어도 그 사람보다 선생님이 원난 말을 더 잘하는 건 모두가 인정해주는 사실인데 말이야. 됐고, 선생님은 상처받아서 혼자 눈물 좀 닦으러 가야겠다!"

그래도 상대가 끈질기게 매달린다면 이런 식으로 다시 말을 돌리는 것이다.

"죄송합니다. 지금 부른 사용자는 속이 상해 죽겠으니, 그에게 관심을 준 후 다시 불러주세요."

거듭 말하지만 인간관계에서 생기는 절반의 문제와 고민은 남들에게 너무 많은 것을 요구하고, 남들에 대한 배려가 터무니없이 부족하며, 남들의 질문에는 너무 빨리 대답하면서, 남들의 요구를 거절하는 일에는 너무 굼뜬 데서 비롯된다.

감정을 조절하는 사람
조절하지 못하는 사람

초판 1쇄 인쇄 2023년 7월 7일
초판 1쇄 발행 2023년 7월 17일

지은이 | 소드마스터 야옹
옮긴이 | 원녕경
펴낸이 | 전영화
펴낸곳 | 다연
주   소 | 경기도 고양시 덕양구 의장로 114, 더하이브 A타워 1011호
전   화 | 070-8700-8767
팩   스 | 031-814-8769
이메일 | dayeonbook@naver.com
편   집 | 미토스
표지디자인 | ㈜
본문디자인 | 디자인 [연:우]

ⓒ 다연

ISBN 979-11-90456-51-7 (03320)